KORRESPONDENZEN
CORRISPONDENZE

Zwölf Künstler aus Florenz und Berlin
Dodici artisti di Berlino e di Firenze

Berlinische Galerie in Zusammenarbeit mit der
Künstlerförderung der Senatsverwaltung
für Kulturelle Angelegenheiten Berlin,
Referat Bildende Kunst

Comune di San Giovanni Valdarno
Assessorato alla Cultura

Berlinische Galerie
Museum für Moderne Kunst, Photographie und
Architektur
im Martin-Gropius-Bau, Berlin 1992

Casa Masaccio e
Palazzo Pretorio, San Giovanni Valdarno 1992

© 1992 Berlinische Galerie e. V.
Martin-Gropius-Bau
Stresemannstr. 110
1000 Berlin 61
Tel. (0 30) 25 48 63 02
6.3. – 26.4.1992

Casa Masaccio
Corso Italia 83
Palazzo Pretorio
Piazza Cavour
San Giovanni Valdarno
16.5. – 7.6.1992

Assessorato alla Cultura del
Comune di San Giovanni Valdarno
(00 39 55) 9 12 13 71

und die Autoren/e gli autori

Ausstellung/Esposizione:
Giorgio Maragliano, Prato
Ursula Prinz, Berlin

Katalog/Catalogo:
Ursula Prinz, Berlin

Mitarbeit/Collaborazione:
Martina Jura, Berlin

Übersetzungen/Traduzioni:
Judith Elze, Berlin
Martina Jura, Berlin
Giorgio Maragliano, Prato
Ursula Prinz, Berlin

Fotos/Fotografie:
Adilon, Villeurbanne
Giancarlo Biamino, Berlin
David Brandt, Berlin
Cantini
Fabio Cirifino, Studio Azzurro
Clio
Delucca & Sanchini, Rimini
Thomas Eller, Berlin
Carlo Fei
Ulrike Grossarth, Berlin
Michael Harms, Berlin
Ivonne Jokl, Berlin
Walter Klein, Düsseldorf
Mussat-Sarto
Enzo Ricci, Torino
Andreas Rost, Berlin
Dieter Schwerdtle, Kassel
Andrea Sunder-Plassmann, Berlin
Werner Zellien, Berlin

Druck/Tipografia:
Ludwig Vogt, Berlin

Repros/Riproduzioni:
O.R.T. Kirchner u. Graser GmbH, Berlin

Umschlag/Copertina:
Thomas Eller, Berlin

Die Realisierung der Arbeit von Thomas Eller wurde mithilfe der Firma Alusingen, Singen ermöglicht./La realizzazione dell'opera di Thomas Eller era possibile con l'aiuto della ditta Alusingen, Singen.

ISBN 3-927873-12-8

Im Buchhandel zu beziehen durch:
Nicolaische Verlagsbuchhandlung
Beuermann GmbH, Berlin
ISBN 3-87584-425-4

Inhalt/Contenuto

Vorwort/Prefazione
Jörn Merkert
Ursula Prinz   6

Prefazione/Vorwort
Alessandro Tempi   8

Korrespondenz Berlin
Ursula Prinz   10

Corrispondenze Firenze
Giorgio Maragliano   19

Thomas Eller   24

(E.) Twin Gabriel   30

Ulrike Grossarth   36

Ivonne Jokl   42

Raffael Rheinsberg   48

Andrea Sunder-Plassmann   54

Marco Bagnoli   60

Antonio Catelani   66

Daniela De Lorenzo   72

Carlo Guaita   78

Maurizio Nannucci   84

Alfredo Pirri   90

Vorwort

Die dritte Ausstellung im Rahmen unserer Reihe „Korrespondenzen" — wieder in Zusammenarbeit mit der Künstlerförderung der Senatsverwaltung für Kulturelle Angelegenheiten, Berlin — findet im Austausch mit Italien statt. Nach den französischen und schwedischen Künstlern sind nun sechs Florentiner Partner der Berliner. Mit Ausnahme einiger weniger bereits international bekannter Künstler handelt es sich um junge Künstler, die alle mit Installationen arbeiten.

Der schon lange bestehende Wunsch eines gemeinsamen Ausstellungsprojektes mit Florentiner und Berliner Künstlern kann nun dank der Initiative und Unterstützung der Comune von San Giovanni Valdarno und ihres Assessorato della Cultura Erfüllung finden. San Giovanni Valdarno, eine kleine Stadt, etwa eine D-Zug-Stunde von Florenz entfernt, ist ein ruhiger Ort, den inzwischen viele Florentiner als Wohnstätte gewählt haben. Seine historischen, touristischen Attraktionen sind bescheidener als die von Florenz. Zwei vor allem wären zu nennen: die Casa Masaccio, das Geburtshaus des berühmten Quattrocentomalers und das wahrscheinlich auf einen Bau des Arnolfo di Cambio aus dem 14. Jahrhundert zurückgehende Rathaus, beide die Schauplätze unserer Ausstellung. Alessandro Tempi, Assessore alla Cultura und Pino Piras von der Kulturverwaltung von San Giovanni Valdarno, haben sich ganz bewußt der Moderne zugewendet und bemühen sich, gerade im historischen Kontext aktuelle nationale und internationale Kunst vorzustellen. Sie werden dabei von Kunstkritikern, wie in unserem Falle Giorgio Maragliano aus Prato, unterstützt. Gemeinsam mit ihm wurden das Konzept, die Ausstellung und der Katalog erarbeitet.

Ohne die verläßliche Unterstützung von Karl Sticht und Renate Rolke von der Künstlerförderung der Senatsverwaltung für Kulturelle Angelegenheiten Berlin wäre es der Berlinischen Galerie nicht möglich gewesen, die sich etablierende Reihe der Korrespondenzen fortzusetzen. Ihnen sowie unseren italienischen Partnern gilt dafür unser Dank. Für die Unterstützung des Projektes durch-

Premessa

La terza mostra della serie „Corrispondenze" si realizza in uno scambio con l'Italia, e si avvale anche in questa occasione della collaborazione del programma di promozione artistica del Senato per gli Affari Culturali di Berlino. Dopo francesi e svedesi, questa volta partner dei berlinesi sono sei artisti fiorentini. Con l'eccezione di pochi artisti già conosciuti a livello internazionale, si tratta di giovani che lavorano con installazioni.

Il desiderio di realizzare un progetto di mostra che accomunasse artisti berlinesi e fiorentini ha potuto venire a compimento soltanto grazie alla iniziativa e all'appoggio del Comune di San Giovanni Valdarno e del suo Assessorato della Cultura. San Giovanni Valdarno, piccola città distante circa un'ora di treno da Firenze, è un luogo quieto dove molti fiorentini hanno scelto nel frattempo di abitare. Le sue attrazioni storico-turistiche non sono certo così appariscenti quanto le fiorentine, ma vorremmo nominarne almeno due, ambedue sedi della nostra esposizione: la Casa Masaccio, luogo di nascita del grande pittore quattrocentesco, e il Municipio, che risale probabilmente ad una costruzione trecentesca di Arnolfo di Cambio, Alessandro Tempi, Assessore alla Cultura, e Pino Piras degli uffici culturali di San Giovanni si sono dedicati con decisione al moderno, operando per presentare in un contesto storico arte contemporanea nazionale ed internazionale. A tal fine essi chiamano in aiuto critici d'arte, come nel nostro caso Giorgio Maragliano. L'idea della mostra, la mostra stessa e il catalogo sono il frutto di lavoro comune fra lui e noi. Senza l'affidabile aiuto di Karl Sticht e Renate Rolke del programma di promozione artistica del Senato per gli Affari Culturali di Berlino la Berlinische Galerie non sarebbe stata in grado di proseguire la serie di „Corrispondenze". A loro, come ai nostri partner italiani va il nostro ringraziamento. Per l'appoggio connesso al progetto da parte della Villa Romana di Firenze facciamo i nostri caldi ringraziamenti a Joachim Burmeister. Dobbiamo ringraziare inoltre Martina Jura, che si è prodigata nella realizzazione della mostra e del catalogo.

die Villa Romana in Florenz bedanken wir uns herzlich bei Joachim Burmeister. Zudem ist Martina Jura zu danken, die sich bei der Realisierung von Ausstellung und Katalog engagiert hat.

Die neue politische Situation nicht nur Europas wird in Zukunft gerade für die ins Zentrum der Geschichte gerückte Stadt Berlin auch im Rahmen dieser Ausstellungsreihe ihren Ausdruck finden müssen. Mit einer ganzen Reihe von Projekten ist bereits geplant, die nun mögliche Kooperation mit Ländern des ehemaligen Ostblocks zu intensivieren. Wir zweifeln nicht daran, daß die verantwortlichen Kulturpolitiker Berlins ihren Beitrag leisten werden, diese neuen Möglichkeiten und Ansprüche zu verwirklichen.

Jörn Merkert   Ursula Prinz

La nuova situazione politica, non soltanto europea, dovrà trovare espressione in futuro anche nella cornice della nostra serie di mostre, organizzate come sono in una città spinta nel centro focale della storia. Un'intera serie di progetti è in corso per intensificare la cooperazione ora possibile con i paesi dell' ex- blocco orientale. Non abbiamo dubbi che i responsabili della politica culturale nella città di Berlino sapranno realizzare queste nuove possibilità.

Jörn Merkert   Ursula Prinz

Prefazione

Molto di ciò che è stato definito indimenticabile o irreversibile, nelle vicende europee di questi ultimissimi anni, ha avuto il suo centro in Germania, ovvero in un paese che sembrava indefinitamente destinato ad uno status quo dimidiato, ad una centralità scissa, ad identità-simbolo della separazione e della contrapposizione storiche fra i cosiddetti due blocchi. Berlino ed il suo Muro rappresentavano del resto l'esemplificazione più diretta e tangibile di quell'abnorme divisione planetaria di cui pareva ben difficile od improbabile pensare la fine. Ma questa fine è avvenuta ed anche molto rapidamente (resta da vedere, semmai, di quali ulteriori configurazioni essa sarà d'adesso latrice).

Se mi sono permesso queste brevi osservazioni — mi auguro tollerabili come preliminari a ciò che ora andiamo qui presentando — è perchè questa volta tentare di spiegare il senso più autentico di una mostra è problema che travalica la stretta pertinenza critico-interpretativa — a cui non si vuol togliere peraltro né compiti né meriti —, allargandosi a comprendere ragioni che riconducono il campo dell'arte al mondo degli uomini.

Così, se questa nostra scelta berlinese — o tedesca, se preferite — ha un senso, è perchè oggi Berlino e la Germania continuano a dimostrare la loro capacità di esemplificazione di una condizione più generale che riguarda tutto l'Occidente, quella in cui benessere, sviluppo e progresso si scontrano stridentemente con stati di tensione e di conflittualità che dipendono in larga parte dall'assetto che quello stesso benessere, quello stesso sviluppo e quello stesso progresso si è dato nelle società europee avanzate. Ancora una volta, insomma, la Germania contribuisce, forse più di ogni altra nazione europea, a definire l'identità delle società avanzate e la sua arte, come forma di sapere consapevole del proprio tempo, si offre come strumento acuto ed attento per riflettere e capire questa identità, in cui tutti ci rispecchiamo.

Credo insomma che sia interessante e proficuo per ognuno conoscere, attraverso gli occhi dell'arte, quale sia — o quale che sia — la realtà di un paese che continua ad avere un rapporto difficile con se

Vorwort

Vieles von dem, was als unwiderrufliches und unvergeßliches Ereignis in der jüngsten europäischen Geschichte bezeichnet werden kann, hat in Deutschland stattgefunden, also in einem Land, das auf unendliche Zeit festgelegt zu sein schien auf den Status quo, auf eine gespaltene Zentralität, auf eine Identität der Teilung und der gegensätzlichen Positionen zwischen den beiden sogenannten Blöcken. Berlin und seine Mauer repräsentierten die direkteste und greifbarste Veranschaulichung jener abnormen Aufteilung unseres Planeten, deren Ende kaum denkbar schien.

Aber dieses Ende ist gekommen und zwar ganz plötzlich (es bleibt abzuwarten, falls überhaupt, auf welche jüngsten Erscheinungen diese Entwicklung übergreifen wird).

Wenn ich mir diese kurzen Darlegungen gestatte — hoffentlich sind sie eine erträgliche Einleitung zu dem, was wir nun hier vorstellen werden — dann deshalb, weil eine Erklärung des authentischeren Sinnes einer Ausstellung dieses Mal problematisch ist. Dies geht über den Bereich der dafür zuständigen kritischen Interpretation hinaus — deren Aufgaben und Verdienste ich nicht schmälern will — und weitet ihn aus, um die Ursachen zu erfassen, welche den Bereich der Kunst wieder in die Welt des Menschen zurückführt.

So hat unsere Wahl Berlins — oder Deutschlands, wenn Sie so wollen — einen Sinn, weil Berlin und Deutschland heute weiterhin anschauliches Beispiel eines allgemeinen Zustandes sind, der den gesamten Okzident betrifft, eines Zustandes, in dem Wohlstand, Entwicklung und Fortschritt grell aufeinanderstoßen, mit Spannungs- und Konfliktsituationen. Diese sind größtenteils durch ein System bedingt, aus dem jener Wohlstand, jene Entwicklung und jener Fortschritt in den hochentwickelten europäischen Gesellschaftsformen resultiert. Ein weiteres Mal trägt Deutschland somit dazu bei, vielleicht mehr als jede andere europäische Nation, die Identität einer hochentwickelten Gesellschaft und deren Kunst zu definieren. Kunst als eine Ausdrucksform des Bewußtseins der eigenen Zeit bietet sich als williges und brauchbares

stesso e con la propria storia e che su una coniugazione possibile di questi elementi continua a giocare, da sempre, il meglio della sua arte.
Dobbiamo questa occasione di conoscenza — è doveroso ricordarlo — al lavoro critico dei due curatori della mostra, Ursula Prinz per la sezione tedesca, ed Giorgio Maragliano per la sezione italiana e siamo profondamente grati alla Berlinische Galerie per la decisione di interloquire con la Casa Masaccio in questa „corrispondenza" che ci auguriamo possa continuare nel tempo.
Parimenti voglio ringraziare tutti gli artisti che hanno aderito al progetto di questa mostra. A loro: per le ragioni che ho cercato di spiegare, dovrebbe andare una riconoscenza speciale che travalica le occasioni espositive.

Alessandro Tempi
(Assessore alla Cultura del Comune di
San Giovanni Valdarno)

Werkzeug an, um diese Identität, in der wir uns alle widerspiegeln, zu reflektieren und zu begreifen. Ich glaube daher, daß es für jeden interessant und gewinnbringend ist, die Wirklichkeit eines Landes — welche sie auch sein möge — durch die Augen der Kunst zu erfassen, eines Landes, das weiterhin ein schwieriges Verhältnis zu sich selbst und der eigenen Geschichte hat und weiterhin versucht, diese beiden Elemente miteinander zu verbinden, was von jeher das Beste seiner Kunst ausmachte.
Wir verdanken diese Gelegenheit des Kennenlernens — darauf möchte ich besonders hinweisen — der kritischen Arbeit der beiden Kuratoren der Ausstellung, Ursula Prinz auf der deutschen, und Giorgio Maragliano auf der italienischen Seite. Wir sind der Berlinischen Galerie zutiefst dankbar, daß sie sich dazu entschieden hat, mit der Casa Masaccio, in dieser „Korrespondenz", die wir in Zukunft fortsetzen möchten, zusammenzuarbeiten.
Gleichfalls möchte ich allen Künstlern meinen Dank aussprechen, die zu diesem Ausstellungsprojekt beigetragen haben. An sie ergeht aus den Gründen, die ich darzulegen versucht habe, ein besonderer Dank, weit über den Anlaß zur Ausstellung hinaus.

Alessandro Tempi
(Assessore alla Cultura del Comune di
San Giovanni Valdarno)

Korrespondenz Berlin

Ursula Prinz

„Emanzipiert seit mehr als einem Jahrhundert, stellt sich der heutige Künstler als freier Mensch dar, der mit den gleichen Vorrechten ausgestattet ist wie der gewöhnliche Bürger und der mit dem Käufer seiner Werke von gleich zu gleich spricht. Natürlich hat diese Befreiung des Künstlers zum Gegenpart einige Verantwortungen, die er ignorieren konnte, als er bloß ein Paria oder ein intellektuell minderwertiges Geschöpf war. Eine der wichtigsten Verantwortungen ist die AUSBILDUNG des Intellekts, obschon, beruflich gesprochen, der Intellekt nicht die Basis der Entstehung des künstlerischen Genies ist ... Ich glaube, der Künstler hat heute mehr denn je diese para-religiöse Mission zu erfüllen: die Flamme einer inneren Vision brennend zu erhalten, deren getreueste Übersetzung für den Laien das Kunstwerk zu sein scheint."
Marcel Duchamp 1960 (1)

Wenn den Anmerkungen zu unserer dritten Korrespondenzen-Ausstellung Marcel Duchamps Beschwörung der inneren Vision und des Intellekts als Grundlage für die Erschaffung von Kunstwerken vorangestellt ist, so hat das nicht nur programmatischen Charakter, sondern auch einen ganz engen Bezug zu den in dieser Ausstellung gezeigten Werken. Marcel Duchamp ist der Künstler, der am Anfang unseres Jahrhunderts die Kunst und den Kunstbegriff besonders durch seine zum Kunstwerk erklärten „Ready-mades" revolutionierte, der sich von der Malerei entfernte und der Kunst neue Dimensionen eroberte. Er forderte vom jungen Künstler, daß er „... noch weiter gehen müsse, um neue Schock-Werte an den Tag zu fördern, die die Grundlage der künstlerischen Revolutionen sind und immer sein werden." (2)
Nun ist es heute nicht mehr so leicht, wirkliche Schockwirkungen mit den Mitteln der Kunst zu erzielen und vielleicht auch nicht mehr so notwendig, da andere Medien diesen Part übernommen haben. Auf jeden Fall ist die heutige Kunst ohne die denkende und emotional sensibel reagierende

„Emancipato da più di un secolo, l'Artista d'oggi si presenta come un uomo libero, dotato delle medesime prerogative del cittadino ordinario, che parla da pari a pari con l'acquirente delle sue opere. Naturalmente questa liberazione dell'Artista ha come controparte alcune delle responsabilità che egli poteva ignorare quando non era che un paria o un essere intellettualmente inferiore. Una delle più importanti fra queste è l'EDUCAZIONE dell'intelletto, anche se professionalmente l'intelletto non è alla base del genio artistico...
Io credo che oggi più che mai l'artista debba adempiere a questa missione para-religiosa: mantenere accesa la fiamma di una visione interiore di cui l'opera d'arte sembra essere la traduzione più fedele per il profano."
Marcel Duchamp (1)

La citazione di Marcel Duchamp, con la sua evocazione della visione interiore e dell'intelletto come fonti per la produzione di opere d'arte, non ha qui soltanto un carattere programmatico, ma è in stretto rapporto con le opere esposte in questa mostra, la terza della serie di *Corrispondenze*. Marcel Duchamp è l'artista che agli inizi del secolo ha rivoluzionato l'arte e il suo concetto con i „ready-mades", che si è allontanato dalla pittura ed ha aperto nuove dimensioni artistiche. Egli esigeva dal giovane artista di „... andare sempre più in là, per porre a giorno nuovi valori di choc, che sono e saranno sempre la base delle rivoluzioni artistiche." (2)
Certo, oggi non è più facile produrre con i mezzi dell'arte effetti di choc, forse nemmeno necessario, da quando altri media hanno assunto tale funzione. In ogni caso l'arte di oggi non è pensabile senza l'intervento intellettuale ed emotivo dello spettatore. L'artista traduce le sue visioni interiori nella realtà dell'arte, impiega elementi della realtà, effettua minimi interventi nell'ambiente, non si ritrae davanti ad alcun materiale, raccoglie tutto, occupa spazi, non solo nei musei, spesso evita anche i materiali tradizionali dell'arte. Il Nuovo si rivela piuttosto in nuovi modi di guardare ciò che sem-

Mitwirkung des sich auf sie einlassenden Betrachters nicht denkbar. Der Künstler übersetzt seine inneren Visionen in die Kunst-Realität, benutzt Versatzstücke der Realität, nimmt geringfügige Eingriffe in der Umgebung vor, scheut vor keinem Material zurück, vereinnahmt alles, besetzt Räume, keinesfalls nur im Museum und oft genug vermeidet er gerade die traditionellen Kunstmittel. Das Neue offenbart sich eher in einer neuen Sichtweise auf das scheinbar Alltägliche oder auch auf vorhandene Kunst. Bezüge, Perspektiven, Sichtweisen werden wichtiger als die Gegenstände und Kunstobjekte selber. Kunst wird vorrangig geistig erfahren, ohne deshalb notwendig eine emotionale Basis entbehren zu müssen.

Die Installation ist daher eine der wichtigsten und derzeit von jungen Künstlern bevorzugten Kunstäußerungen geworden. In Berlin gibt es dafür eine längere Tradition, die sich in den achtziger Jahren vorwiegend im Zusammenhang mit den im „Büro Berlin" zusammengefaßten Künstleraktivitäten entfaltete. (3) Seitdem gab es vielerlei Künstlergruppierungen, die sich an verschiedenen Orten, Fabrikgebäuden, Galerien etc. mit Rauminstallationen befaßten.

In den Korrespondenzen mit Berliner und Florentiner Künstlern werden sowohl jüngere als auch ältere Künstler, die sich der Raumkunst verschrieben haben, einander gegenübergestellt. Dabei werden Unterschiede, nicht nur der Generationen, sondern auch der Nationen deutlich. Denn trotz der weltweiten Information gibt es diese Unterschiede, ohne daß man die Kunst deshalb als provinziell diffamieren müßte. Im Gegenteil beweist gerade das Abweichen von der Allerweltssprache oft genug die besondere Qualität.

Florenz und Berlin, zwei denkbar unterschiedliche Städte — die eine mehr einem Kunstmuseum vergleichbar, die andere eher ein Schauplatz politischer und gesellschaftlicher Umschwünge — bereiten ihren Künstlern unterschiedliche Probleme. Florenz ist vielleicht fast zu schön und vorwiegend der Vergangenheit zugewandt, Berlin eine lädierte, äußerlich eher unattraktive Stadt und immer noch im Zeichen eines langen Inseldaseins stehend. Die Brüche liegen in Berlin offener zutage als in Florenz, insbesondere seit dem letzten in al-

brava cosa di tutti i giorni, o anche l'arte già esistente. Rapporti, prospettive, punti di vista divengono più importanti degli stessi oggetti e opere d'arte. L'arte viene esperita in modo spirituale, senza per questo dover rinunciare ad una base emotiva. L'installazione è diventata così una delle più importanti espressioni artistiche, la preferita tra gli artisti più giovani. Vi è una lunga tradizione in questo senso a Berlino, che si è sviluppata negli anni ottanta prevalentemente in rapporto con le attività artistiche promosse al „Büro Berlin" (3). Da allora esistono numerosi raggruppamenti di artisti che lavorano sull'installazione in luoghi diversi, da edifici di ex-fabbriche a gallerie.

In questa mostra che riunisce artisti berlinesi e fiorentini vengono posti a confronto artisti di generazioni diverse, che si sono dedicati al tema dello spazio. In tal modo emergono differenze non soltanto generazionali ma anche tra una nazione e l'altra. Malgrado l'informazione sia ormai planetaria queste differenze esistono, senza che si possa denigrare questa o quell'opera con l'epiteto di provinciale: al contrario, proprio la deviazione dalla lingua franca dimostra assai spesso la sua qualità singolare.

Firenze e Berlino, due città così diverse l'una dall'altra, la prima paragonabile ad un museo all'aria aperta, la seconda teatro di rivolgimenti politici e soziali. Questa diversità ritorna nei problemi che gli artisti possono incontrarvi. Firenze è forse sin troppo bella e rivolta in primo luogo verso il passato, Berlino è una città offesa dal tempo, poco attraente, che risente ancora di una lunga condizione di insularità. Le fratture con il passato a Berlino sono più visibili che a Firenze, in particolare dopo l'evento, seguito in tutto il mondo, della caduta del muro. Il tempo di rivolgimenti che caratterizza oggi la città mostrerà le sue ripercussioni nell'arte. Ciò avviene già oggi rispetto ai mutamenti delle condizioni di vita, soprattutto per gli artisti che sia a Est che a Ovest hanno difficoltà a trovare o a mantenere i loro spazi di vita e di lavoro. Contemporaneamente però vengono a giorno nuove prospettive, che influiscono anche sui contenuti dell'arte. In questa mostra la nuova situazione per alcuni artisti gioca un'importanza straordinaria. Che l'artista da Firenze o Berlino lavori sullo spa-

ler Welt so interessiert verfolgten Ereignis des Falls der Mauer. Die Zeit des Umschwungs, die Berlin jetzt kennzeichnet, wird ihren Niederschlag in der Kunst zeigen. Sie tut es schon jetzt durch die veränderten Lebensbedingungen, vor allem für Künstler, die es in Ost und West schwer haben, ihren Lebensraum zu halten oder zu finden. Zugleich werden aber auch neue Perspektiven erkennbar, die Einfluß auf die Inhalte der Kunst selbst nehmen. In dieser Ausstellung spielt die neue Situation bei einigen Künstlern bereits eine herausragende Rolle.

Doch ob die Künstler aus Florenz oder Berlin sich nun mit abstrakten Räumen oder mit ihrer konkreten Umgebung befassen, mit der Perspektive, der Natur, mit Wissenschaft, Alchemie oder der vorhandenen Kunst, sie verwandeln ihr jeweiliges Thema über die Netzhaut, das Hirn und das Herz des Betrachters zu einer tieferen Einsicht in die Gegebenheiten unseres menschlichen Daseins — mit Hilfe eines anderen, der Kunst. Dies verlangt dem Betrachter mitunter etwas Mühe ab. Mit stillem Genießen allein wird er nur selten auskommen. Aber gerade diese sinnliche Arbeit will ja die Kunst erreichen. Sie will ihr Gegenüber zu einer aktiven Beteiligung herausfordern. Sie will nicht vordergründig schockieren, sondern tiefer dringen, um dann vielleicht umso nachhaltiger zu wirken, und wenn möglich sogar über sich selber hinausweisen.

Am deutlichsten wird die Auseinandersetzung mit einer neuen Situation im Werk von Raffael Rheinsberg, dem Nestor der Berliner Gruppe, der sich auch in seiner Arbeit von den anderen deutlich abhebt. Rheinsberg arbeitet seit jeher mit Fundstücken, die er mit Vorliebe auf historisch besetztem Gebiet findet, wie z. B. auf ehemaligen Botschaftsgeländen, zerbombten Bahnhöfen und Bahngleisen, in Häfen. Er betreibt moderne Archäologie und ordnet die Fundstücke streng zu kühlen, ästhetischen Assemblagen, deren Wirkung auf der stummen Aussagekraft der Gegenstände und der ihnen innewohnenden Geschichte beruht. Raffael Rheinsberg konserviert auf diese Art Zeitgeschichte. Er stapelt das Übriggebliebene, das Benutzte und Liegengelassene. Er wühlt im Papierkorb der Vergangenheit. Er findet dort die

zio astratto o con l'ambiente concreto, sulla prospettiva o la natura, la scienza, l'alchimia o l'arte già esistente, egli trasforma il suo tema, mediante l'effetto raggiunto sull'intelletto e il cuore dello spettatore, in una più profonda comprensione delle datità dell'esistenza. Ciò richiede in ogni caso un pò di sforzo da parte dello spettatore: un godimento quieto non potrà bastare. L'arte intende porre in moto i sensi, provocare l'interlocutore ad una partecipazione attiva: non tanto al fine di raggiungere uno choc di superficie, quanto per scavare più a fondo, così da agire più a lungo, forse persino facendo segno al di là di se stessa.

Il confronto con una nuova situazione emerge nel modo più chiaro nell'opera di Raffael Rheinsberg, il Nestore del gruppo berlinese, che anche nel lavoro si distingue dagli altri. Rheinsberg lavora da sempre con frammenti che reperisce in aree di interesse storico, come ad esempio porti, stazioni bombardate, zone dove sorgevano un tempo missioni diplomatiche. La sua è una moderna archeologia; egli ordina ciò che ha trovato in rigorosi e freddi assemblaggi, il cui effetto si fonda nella silenziosa forza assertoria degli oggetti, nella storia che vive al loro interno. In questo modo Raffael Rheinsberg conserva la memoria della storia contemporanea, accumulando ciò che è rimasto indietro, che è stato usato e lasciato andare. Egli fruga nel cestino del passato, e vi trova le cose più banali. Per esempio, in un ex-posto di confine tra Berlino Est ed Ovest emergono le cose di uso quotidiano più incredibili: specchi per guardare sotto le automobili, la cassa sigillata con la fessura per i giornali occidentali, la cui lettura era proibita anche al personale di confine, il libro di Partito del caposervizio, le sue calze invernali e la nota immagine delle tre scimmiette. Tutto questo viene diffuso nello spazio museale, e mantiene la sua forza propositiva anche al di là di una determinazione documentale, per il suo potere smascherante e la „umanità" che pone a giorno.

Non sempre Rheinsberg espone ciò che ha trovato nella ex-R.D.T con la schiettezza priva di interventi dell'esempio appena descritto. Mediante selezione o anche giustapposizione poco usuale egli isola le cose dando ad esse un nuovo contesto estetico, che però non nasconde mai del tutto la stori-

banalsten Dinge. So findet er zum Beispiel auf einem ehemaligen innerstädtischen Grenzübergang zwischen Ost- und West-Berlin unglaublich Alltägliches: Spiegel, um unter die Autos zu schauen, die versiegelte Kiste mit dem Schlitz für die westlichen Zeitungen, die auch dem Grenzpersonal zu lesen verboten waren, das Parteibuch des Dienststellenleiters, seine Wintersocken und die drei berühmten Affen. All dies wird ganz sachlich im Museumsraum ausgebreitet und behält seine Aussagekraft auch losgelöst vom historischen Dokument allein durch seine entlarvende Ästhetik und decouvrierende „Menschlichkeit".

Raffael Rheinsberg hat vieles in der ehemaligen DDR gefunden, das nicht immer so unverfälscht verwendet wird wie in dem beschriebenen Beispiel. Durch Selektion oder auch ungewohnte Zusammenstellung isoliert er Dinge und gibt ihnen einen neuen ästhetischen Zusammenhang, der aber dennoch die ihnen innewohnende Geschichtlichkeit nicht ganz verbirgt. So zeugen die Hydrantenabdeckungen aus Ost-Berlin in ihrer faszinierenden Unterschiedlichkeit in Farbe, Form und Größe von der Primitivität und dem Selbstgeschusterten, mit dem in der ehemaligen DDR gearbeitet werden mußte. Doch das Nicht-genormte verleiht ihnen auch eine Liebenswürdigkeit, Individualität und ästhetische Überzeugungskraft, die gerade in der soldatenhaften Gruppierung zum Vorschein kommt. Immer wieder benutzt Rheinsberg auch Buchstaben von Kinos, Bahnhöfen, Geschäften, die er zu ebenso humor- wie bedeutungsvollen Ensembles gruppiert. Rheinsberg diffamiert nie. Er beläßt den Dingen ihre Würde oder überläßt sie ihrer Absurdität. Sie sind voller Zeitgeist und doch auch wieder zeitlos. Die ordnende und selektierende Hand des Künstlers schafft aus den vorgefundenen Dingen das Kunstwerk.

Ulrike Grossarth arbeitet ebenfalls mit gefundenen Dingen, aber auf eine völlig andere Weise als Raffael Rheinsberg. Ihr Ansatz ist ein wesentlich theoretischer, intellektueller, der sich aber ursprünglich aus einer eher körperlichen Erfahrung heraus entwickelt hat. Ulrike Grossarth bezieht sich ganz bewußt auf Marcel Duchamp.
Ihr Ausgangspunkt war der Tanz. Nachdem sie sich in verschiedenen historischen Tanzstilen ge-

cità che esse contengono. Così le coperture di idranti da Berlino Est qui esposte, nella loro caratteristica diversità di tinta, forma e dimensioni testimoniano la primitività del modo in cui in si lavorava nella ex-R.D.T. Dall'altra parte, il loro aspetto non normativo dona ad essi una amabilità, individualità e forza estetica che ha modo di apparire proprio nella disposizione militaresca dell'installazione. Assai spesso Rheinsberg impiega lettere tratte da insegne di cinema, stazioni o negozi, che compone in insiemi umoristici quanto significativi. Rheinsberg non intende porre in ridicolo né offendere. Egli lascia alle cose la loro dignità, o le rimette alla loro assurdità. Esse sono colme della loro epoca, ma anche fuori dal tempo. La mano ordinatrice e selezionatrice dell'artista crea l'opera a partire dalle cose trovate in precedenza.

Anche Ulrike Grossarth lavora con cose trovate, ma in un modo interamente diverso da Raffael Rheinsberg. Il suo punto di partenza è essenzialmente teoretico, intellettuale, ma si è sviluppato in origine da una esperienza corporea. Ulrike Grossarth si rifà consapevolmente a Marcel Duchamp. Suo punto di avvio è stato la danza. Dopo aver appreso diversi stili storici di danza, il carattere riproduttivo del lavoro iniziò ad annoiarla. Per liberarsi da ciò, iniziò ad interessarsi ai fondamenti minimi del movimento umano; non voleva più rappresentare qualcosa, ma studiare il movimento, riempirlo di vita. Il movimento non doveva essere altro che se stesso, doveva essere libero. Questa nuova impostazione va intesa anche in senso politico. Il nazionalsocialismo e il rapporto tra le due Germanie sono alla base del pensiero e del lavoro dell'artista, rivolti come essi sono ad una ricerca sulla determinazione della posizione.

Con il passaggio di campo verso l'arte figurativa è anche venuta la necessità del confronto con le cose, e la domanda sull'essere delle cose al di là di ciò che esse rappresentano, in rapporto all'uomo che si muove nello spazio in cui esse si trovano. L'artista lavora sugli oggetti come concrezioni di azioni, o altrimenti tenta di liberarli da queste connessioni, secondo i modi in cui li dispone o agisce con essi. L'Opera „Lektionen" (Lezioni) è sorta sulla base di una serie di incisioni di Elias Ridinger, datate 1760, che hanno per tema la Scuola Superiore di

übt hatte, begann es sie zu stören, daß sie nur reproduzierend arbeitete. Um sich davon zu lösen, beschäftigte sie sich nun mit den einfachen Grundlagen der menschlichen Bewegung. Sie wollte nichts mehr darstellen, sondern die Bewegung erforschen, mit Leben erfüllen. Die Bewegung sollte nichts als sie selber, sollte frei sein. Dieser neue Denkansatz ist zugleich als ein politischer zu verstehen. Besonders der Nationalsozialismus und die Beziehung Ost- und Westdeutschlands gehören zu den Grundlagen für das Denken und die Arbeit der Künstlerin, die letztlich auf eine Standortbestimmung ausgerichtet sind.

Mit der Hinwendung zur bildenden Kunst kam die Auseinandersetzung mit den Dingen und die Frage, was die Dinge unabhängig von dem, was sie repräsentieren nun wirklich seien, allerdings immer im Bezug auf den Menschen, der sich im Raum mit ihnen bewegt. Die Künstlerin untersucht die Gegenstände als Repräsentanten von Handlungsabläufen oder versucht sie aus eben diesen Zusammenhängen zu befreien, je nachdem wie sie sie arrangiert, projiziert oder auch mit ihnen agiert.

Die Arbeit „Lektionen" entstand aus der Beschäftigung mit dem Kupferstichwerk von Elias Ridinger über die Hohe Schule der Pferdedressur aus dem Jahr 1760. Bewegung, Natur, Dressur faszinierten die Künstlerin. Sie entdeckte in den Hintergründen der Blätter Analogien zu dem Akt der jeweils dargestellten Dressur, vom wild wachsenden Baum im Hintergrund des noch nicht dressierten jungen Pferdes über die parkartig angelegte Landschaft mit Architektur bei fortschreitender Dressur bis hin zur glatten Wand oder zum total gestutzten Baum. Die Vorlagen wurden mit Hilfe des Fotokopierers derart bearbeitet, daß die Bewegung, die Pferde, aus den Szenen eliminiert wurden und nur noch die leeren Räume mit der Beschreibung des Dressuraktes übrigblieben. Diese können so stellvertretend für alle Denkmodelle, für Dressur, Domestizierung, auch politischen Zwang verstanden werden.

Thomas Eller hat sich für seine Arbeit in unserer Ausstellung von Albrecht Dürers Wiesenstück inspirieren lassen, dieser für die damalige Zeit ungewöhnlichen Darstellung eines ganz banalen winzi-

Addestramento Ippico dell'epoca. L'artista ha scoperto nei fondali delle incisioni analogie con l'atto dell'addestramento di volta in volta rappresentato, dall'albero selvaggio che fa da sfondo al giovane puledro ancora non scozzonato al parco paesaggistico con architettura dell'ammaestramento ormai progredito, sino alla parete liscia o all'albero completamente cimato. I modelli sono stati elaborati con l'aiuto della fotocopiatrice, in modo tale da eliminare dalle scene il movimento e i cavalli, così da lasciare nient'altro che uno spazio vuoto e la descrizione del particolare atto di addestramento. Le immagini possono figurare così da emblemi per i processi mentali che sono alla base dell'ammaestramento, la domesticazione, anche l'oppressione politica.

Per il suo lavoro in questa mostra Thomas Eller si è ispirato al prato di Albrecht Dürer, una rappresentazione per la sua epoca affatto inusuale di una parte banale e minima del mondo naturale. A rendere del tutto inusuale l'immagine era il punto di vista, o, detto in linguaggio fotografico, il suo primo piano. L'opera di Eller è stata realizzata con gli strumenti della nostra epoca: egli ha fotografato numerose piante una per una, e poi le ha ingrandite a dimensione gigante prima di ricomporle in un gruppo. Davanti ad esso egli ha posto un autoritratto di misura molto minore, che guarda verso lo spettatore. A irritare in questa opera non è soltanto l'inversione dei rapporti di scala, ma soprattutto la diversità delle prospettive in cui le piante sono state riprese. Non esiste più un unico punto di vista. L'epoca di Dürer, nella quale la percezione a prospettiva centrale veniva ritenuta l'unica vera, è finita da molto tempo. La nostra odierna immagine del mondo è diventata più complessa e caotica. Non esiste più alcuna unità di misura universalmente obbligante, ognuno ha la propria prospettiva, che però è costruita sull'esempio storico della prospettiva centrale. Il mondo consiste di molti riferimenti, che non hanno più un punto di riferimento univoco. L'opera d'arte rispecchia questa situazione e illustra l'ambivalenza della conoscenza, che è anche coscienza a misura del tempo e tentativo di determinare la propria posizione, anche se significa al tempo stesso sia isolamento e inquietudine che molteplicità e libertà possibile.

gen Teiles der Natur. Die Sichtweise, fotografisch gesprochen: die Großaufnahme, war das seiner Zeit ganz und gar Ungewöhnliche daran.

Thomas Ellers Pflanzenstück wurde mit den Mitteln unserer Zeit realisiert: Er fotografierte verschiedene Pflanzen unabhängig voneinander und vergrößerte sie ins Gigantische, bevor er sie zu einer Gruppe zusammenstellte. Davor plazierte er ein vergleichsweise winziges Selbstporträt, das den Betrachter anschaut.

Das Irritierende dieser Arbeit liegt nicht allein in der Verkehrung der Größenverhältnisse, sondern vor allem auch in der Unterschiedlichkeit der Perspektiven, in der die Pflanzen aufgenommen sind. Es gibt keinen gültigen Standpunkt mehr. Die Zeit Dürers, in der die zentralperspektivische Wahrnehmung für die einzig wahre gehalten wurde, ist längst vorüber. Unser heutiges Weltbild ist komplizierter geworden, chaotisch. Es gibt keinen allgemein verbindlichen Maßstab. Jeder hat seine eigene Perspektive, die aber dennoch historisch an der Zentralperspektive geschult ist. Die Welt besteht aus vielen Bezügen, die keinen eindeutigen Bezugspunkt haben. Das Kunstwerk spiegelt diese Situation wieder und verdeutlicht die Ambivalenz der Erkenntnis, die auch zeitgemäßes Bewußtsein und Versuch einer Standortbestimmung ist, bedeutet sie doch zugleich sowohl Vereinzelung und Verunsicherung als auch Vielfalt und möglicherweise Freiheit.

Perspektive und Größenverhältnisse spielen eine ähnlich bedeutsame Rolle im Werk von Ivonne Jokl. Ihre sehr subtilen und herausfordernd einfachen Installationen erschließen sich nicht sofort. Sie entfalten ihre Wirkung erst dann, wenn man sich in ihnen wie in einer gewohnten Umgebung einzurichten versucht. Ein Stuhl, ein Tisch, auf dem ein Buch liegt. Begibt man sich nun an diesen Tisch, so bemerkt man plötzlich seine Ungewöhnlichkeit, die in einem falschen Maßstab begründet ist. Erst dann entdeckt man, daß das Buch nur einen einzigen Satz auf der ersten Seite enthält, der eine Aufforderung an den Leser stellt. Schließlich beginnt das Nachdenken über den Satz, die Verhältnismäßigkeit und das eigene Leben. Erwartungen, Gewohnheiten, Bezugspunkte, Verbindlichkeiten befinden sich auf einmal auf schwanken-

Prospettiva e rapporti di scala giocano un ruolo altrettanto significativo nell'opera di Ivonne Jokl. Le sue installazioni molto sottili, provocatorie nella loro semplicità, non si dischiudono subito allo spettatore. Esse sviluppano il loro effetto soltanto allorché ci si cerca di disporre in esse come all'interno di un'ambiente conosciuto. Una sedia, un tavolo su cui giace un libro. Quando si va al tavolo si avverte improvvisamente la sua stranezza, dovuta ad una unità di misura sbagliata. Soltanto allora si scopre che il libro contiene un'unica frase sulla prima pagina. Si inizia così infine a riflettere sulla frase, sulla scala dei rapporti e la propria vita. Attese, abitudini, punti di riferimento, obblighi si trovano di colpo su terreno mobile. Tutto sembra scivolar via e svanire in un abisso inquietante. I mezzi più semplici producono così la più grande insicurezza. L'opera d'arte non è il tavolo, né la frase o la sedia prese da sole. Essa sorge solo a partire dalla irritazione della percezione nello spettatore. La sua qualità sta in ciò che non è visibile, in ciò che non si può afferrare, nel diniego.

Andrea Sunder-Plassmann ci porta invece in mondi fantastici. Essa ha iniziato come pittrice, per dedicarsi poi interamente alla fotografia, che gioca ancor sempre un ruolo essenziale nelle sue installazioni. Tale mezzo è impiegato in modo tale da suggerirci scene da un ambiente ignoto, epperò stranamente familiare. Gli oggetti più minuscoli vengono trasformati, per mezzo della estraneazione/ingrandimento della macchina fotografica, in foreste primeve abitate da dinosauri. In un'opera del 1990, „Art of Touching", l'immagine di un cielo nuvoloso, la registrazione su nastro della descrizione compiuta dall'astronauta del primo allunaggio, il passaggio di una cinepresa con obiettivo grandangolare attraverso l'erba, assieme a pezzi di mandarino che galleggiano nell'aria si compongono in un insieme che connette lontano e prossimo, grande e piccolo, intimità e spazio esterno. L'artista si serve della contemporaneità degli opposti all'interno di un assemblaggio onnicomprensivo, che abbraccia lo spettatore in modo che egli è obbligato a percepire effettivamente tutto allo stesso tempo e a collegare una cosa con l'altra, che lo voglia o no. La sua percezione diviene coattivamente simultanea. Le cose escono dal loro ordine usuale e

dem Boden. Alles scheint ins Rutschen zu geraten und in einen unheimlichen Abgrund zu entschwinden. Mit einfachsten Mitteln wird größtmögliche Verunsicherung erreicht. Das Kunstwerk ist nicht der Tisch, nicht der Satz, nicht der Stuhl. Es entsteht erst durch die Irritation der Wahrnehmung des Betrachters. Seine Qualität liegt im nicht Sichtbaren, nicht greifbar Vorhandenen, in der Verweigerung.

Andrea Sunder-Plassmann hingegen versetzt uns in phantastische Welten. Sie begann einst als Malerin und wandte sich dann ganz der Fotografie zu, die noch immer eine wesentliche Rolle bei ihren Installationen spielt. Sie setzt dieses Mittel — wie neuerdings auch den Film — so ein, daß es uns Szenen aus einer unbekannten und doch seltsam vertrauten Umgebung suggeriert. Die winzigsten Objekte werden durch die Verfremdung/Vergrößerung der Kamera zu urzeitlichen Wäldern mit Dinosauriern verwandelt. In einer Arbeit aus dem Jahr 1990 „Art of Touching" verbinden sich Wolkenbild, Tonbandaufnahme der Beschreibung eines Astronauten von der ersten Mondlandung und eine Makro-Kamerafahrt durch das Gras, sowie schwerelos schwebende Mandarinenstückchen zu einem Ensemble, das Entferntestes mit dem Allernächsten verbindet, Großes mit Kleinem, Intimstes mit dem Weltraum. Die Künstlerin nutzt die Gleichzeitigkeit von scheinbar Gegensätzlichem in einer allumfassenden und den Betrachter umhüllenden Assemblage, so daß er gezwungen ist, tatsächlich alles gleichzeitig wahrzunehmen und bewußt wie unbewußt miteinander zu verbinden. Seine Wahrnehmung wird notgedrungen simultan. Die Dinge geraten aus der angestammten Ordnung und versetzen den Zuschauer an einen unbekannten Ort, dem die Koordinaten des gewohnten Lebensraumes abhanden gekommen sind. Er begibt sich in einen Schwebezustand oder auch auf eine Reise ins Unbekannte, einem Raumfahrer vergleichbar. Wenn er zum Beispiel in das einer Raumkapsel ähnliche Gehäuse in unserer Ausstellung eintaucht, nimmt er zugleich Aufnahmen aus dem Inneren des menschlichen Körpers wahr, Fotos winzigster Vorgänge, die auf dem Monitor vergrößert erscheinen. Er bekommt nichts wirklich Neues zu sehen, aber er erhält die Bot-

trasportano lo spettatore in un luogo sconosciuto, nel quale mancano le coordinate dello spazio vissuto usuale. Egli inizia a librarsi, o parte per un viaggio nell'ignoto, simile ad un astronauta. Quando ad esempio accederà all'alloggiamento simile ad una capsula spaziale della nostra esposizione, percepirà riprese dall'interno del corpo umano, fotografie di processi minimali, ingrandite sul monitor. Lo spettatore non vede nulla di realmente nuovo, ma comprende come il viaggio nell'ignoto dello spazio sia paragonabile al viaggio nell'ignoto della propria interiorità.

Andrea Sunder-Plassmann trae gli stimoli per il proprio lavoro dalla sua personale esperienza dell'ambiente, dai suoni ai rumori alla natura, alle piante come ai risultati della ricerca scientifica. Queste esperienze sono puntuali, vengono però scelte dal sensorio artistico e ricomposte in un'opera non del tutto spiegabile razionalmente. Le esperienze del mondo e dell'arte anche qui non concordano. Abbiamo incontrato elementi molto simili nell'opera di Thomas Eller e Ivonne Yokl: non vi è immobilità, staticità. L'artista come viaggiatore, cercatore, così potremmo descrivere il programma di Andrea Sunder-Plassmann.

Il punto di vista instabile è un tema affrontato anche da E. Twin Gabriel. Essa vive nella parte orientale della città, prima della riunificazione tedesca era nota come „Autoperforationskünstlerin". Ora si è rivolta ad un'arte ermetica, intellettuale, comprensibile soltanto in rapporto al contesto di pensiero da cui traggono alimento le installazioni. Punto di partenza del lavoro attuale è un libro di nomi dell'anno 1932, da lei trovato in uno scaffale. L'artista ha mescolato i nomi, componendo così un elenco di 3000 nomi propri e cognomi numerati, che per il ripetuto uso in opere diverse è divenuto ora una sorta di tavola genealogica immaginaria. Nella sua installazione „Zustand beschleunigten Schweigens" (Condizione del tacere accelerato) alla Galleria Weisser Elefant di Berlino nel 1991, tema centrale è l'equilibrio. Padiglioni auricolari, pesci degli abissi, organi dell'equilibrio di animali diversi, oblò stilizzati, livelle ad acqua in cui la bolla è curiosamente fuori centro, vengono posti in relazione a nomi che suonano in modo stranamente antico, scelti secondo il principio dei numeri pri-

schaft, daß die Reise ins Unbekannte des Weltraumes durchaus der Reise ins Unbekannte des eigenen Inneren zu vergleichen ist.

Andrea Sunder-Plassmann entnimmt die Anregungen zu ihrer Arbeit aus ihrer persönlichen unmittelbaren Erfahrung der Umwelt. Dazu gehören Klänge, Geräusche ebenso wie die Natur, Pflanzen oder auch Ergebnisse naturwissenschaftlicher Forschung. Diese Erfahrungen sind punktuell, werden aber durch das künstlerische Sensorium selektiert und zu dem durchaus nicht rational zu erklärenden Kunstwerk zusammengesetzt. Die Erfahrung von Welt/Kunst ist auch hier keine kongruente. Ganz ähnliches begegnete uns ja schon im Werk von Thomas Eller und Ivonne Jokl. Es gibt keine Statik. Der Künstler als Reisender, Suchender — so etwa könnte man das Programm von Andrea Sunder-Plassmann beschreiben.

Der unstabile Standpunkt — das ist ein Thema, mit dem sich auch E. Twin Gabriel beschäftigt hat. Sie lebt im Ostteil der Stadt und war uns vor der Vereinigung Deutschlands vor allem als Autoperforationskünstlerin bekannt. Jetzt hat sie sich einer hermetischen, intellektuellen Kunst zugewandt, die nur zu begreifen ist, wenn man sich mit dem gedanklichen Kontext auseinandersetzt, in dem die Installationen stehen.

Ausgangspunkt ihrer derzeitigen Arbeit ist ein Namensbuch aus dem Jahr 1932, das sie eines Tages in einem Bücherschrank entdeckte. Sie vermischte die Namen und legte ein Register von 3000 durchnumerierten Vor- und Zunamen an, das sich durch die mehrfache Wiederverwendung in verschiedenen Arbeiten zu einer imaginären Ahnentafel auswirkte.

In ihrer Installation „Zustand beschleunigten Schweigens", Berlin, Weißer Elefant, 1991, geht es unter anderem um das Thema des Gleichgewichts. Ohrmuscheln, Tiefseefische, Gleichgewichtsorgane verschiedener Tiere, stilisierte Schiffs-Bullaugen mit merkwürdigen Wasserständen und ebenso merkwürdige stilisierte Wasserwaagen werden mit den uns seltsam altertümlich klingenden Namen, die nach dem Prinzip der Primzahlen ausgewählt wurden, zu einem ebenso optisch reizvollen wie absurden, ironisch anmutenden Ensemble verbunden. Man meint in die Intimität einer Fami-

mi; il tutto forma un insieme stimolante per gli occhi quanto di parvenza assurda e ironica. Si pensa di essere penetrati nell'intimità della storia di una famiglia con problemi d'equilibrio, e si diviene sempre meno sicuri del fatto che la storia in fondo non sia anche la propria. L'insicurezza cresce con l'intensità dell'assorbimento nel mondo immaginale di E. Twin Gabriel.

Demolizione delle sicurezze acquisite, ricerca di un punto di vista, esame dei limiti e delle strutture della percezione, questioni sulla realtà e sullo spazio dell'arte sono alcuni tratti caratteristici che accomunano i giovani artisti. Tutti loro debbono rispondere alla domanda sulla possibilità e il senso della creazione artistica oggi, contro lo sfondo dell'arte già presente, con il sapere dei nuovi media ed una consapevolezza segnata dal rapporto con la scienza, e sono coscienti delle loro responsabilità. In modo quasi giocoso essi vanno a toccare nuovi mondi, colti con i mezzi dell'intuizione e dell'intelletto. Essi trovano e inventano, scoprono e creano nessi imprevisti.

(1) Marcel Duchamp, dal testo di un discorso tenuto allo Hofstra College, New York, in occasione del convegno „Should the artist go to college?", 13 maggio 1960.
(2) Marcel Duchamp, conferenza tenuta il 20 Marzo 1961 al Philadelphia College Museum of Art in occasione del convegno „Where do we go from here?".
(3) Vedi Raimund Kummer, Hermann Pitz, Fritz Rahmann, „Büro Berlin, Ein Produktionsbegriff", Berlin 1986.

liengeschichte mit Gleichgewichtsstörungen hineingeraten zu sein und wird sich zunehmend unsicherer, ob es sich nicht vielleicht doch auch um die eigene Geschichte handeln könnte. Die Verunsicherung nimmt zu, je intensiver man sich auf die Bilderwelt von E. Twin Gabriel einläßt.

Verunsicherung, Standortsuche, Untersuchung von Grenzen und Wahrnehmungsstrukturen, Fragen nach Realität und Raumsuche für Kunst sind einige Merkmale, die die jungen Künstler miteinander verbinden. Sie alle müssen vor dem Hintergrund der vorhandenen Kunst und mit dem Wissen um neue Medien und einem nicht zuletzt durch die Wissenschaft erweiterten Bewußtsein die Frage nach der Möglichkeit und dem Sinn, heute Kunst zu machen, beantworten und sie sind sich ihrer Verantwortung voll bewußt. Nahezu spielerisch ertasten sie sich aus ihrer heutigen Position heraus neue Welten, die sie gleichzeitig über den Intellekt wie über die Intuition erfassen. Sie finden und erfinden, entdecken und erschaffen ungeahnte Zusammenhänge.

1) Marcel Duchamp, aus dem Text einer Ansprache vom 13. Mai 1960, die Duchamp anläßlich des Symposiums „Should the artist go to college?" am Hofstra College in Hempstead (Long Island, New York) gehalten hat. Zit. nach Marcel Duchamp, Die Schriften I, hgg. von Serge Stauffer, Zürich 1981, S. 240/1
2) Ebda. S. 241. Vortrag von M. D. am 20. März 1961 im Philadelphia Museum College of Art anläßlich des Symposiums „Where do we go from here?"
3) Vgl. Raimund Kummer, Hermann Pitz, Fritz Rahmann, Büro Berlin. Ein Produktionsbegriff, Berlin 1986.

Corrispondenze Firenze

Giorgio Maragliano

Nel 1928 Curzio Malaparte scriveva nella prefazione ad un libro di Ardengo Soffici, forse il pittore toscano più influente del novecento:
„E tu sei classico, Soffici mio, sei antico e intellettuale come siam tutti noi altri toscani, che abbiamo il cuore fatto come la nostra terra, arida, arenosa... (...). Siamo grandi e temibili appunto per questa nostra aridità di cuore, per questa nostra asciuttezza di sentimento... che fa di noi i più fieri nemici di tutto il mondo moderno... Siamo i più antichi, i più classici uomini d'Italia".
Se lasciamo da parte l'anno, in pieno „rappel a l'ordre", e gli attori della roboante confessione, tra gli intellettuali più rappresentativi della toscanità, l'affermazione può valere come emblema di ciò che l'arte fiorentina in questo secolo ha voluto essere, senza naturalmente riuscirvi. Oggi, coloro che venivano ancora pochi anni fa reputati protagonisti della pittura italiana attraversano una fase di appannamento critico, e valga l'esempio di Ottone Rosai, come campione di un'arte che proprio dell'assunzione della equivalenza di misura locale e tradizione universale, tra i muretti di Bellosguardo e la Montagne St. Victoire di Cézanne, faceva la chiave della propria perennità „anti-moderna". Questa anti-modernità voluta merita alcune considerazioni. Per prima cosa, essa è intimanente antinomica, tanto da ricordare una sorta di gigantesco „double-bind" in cui si è avvolta la cultura di una città e di un'epoca. Si può essere classici perchè lo si è naturalmente, perchè lo si è, in definitiva, sempre stati; e si è nemici del moderno poichè alla base, questa propria classicità „ingenua", *naiv*, nelle parole di Schiller, è alla radice estrema modernità, stazione esemplare di un tempo sospeso, posta al di sopra di qualsiasi protensione verso l'ignoto nuovo.
In questo clima, spento il fervore delle rivista d'avanguardia, sconfitto *in loco* il futurismo, rimane a cifra dell'arte fiorentina nel periodo in cui si forma l'immagine di *questa* fiorentinità l'alternativa, posta ovviamente al di qua di qualsiasi sperimentazione „non-oggettiva", tra una figuratività

1928 schrieb Curzio Malaparte im Vorwort zu einem Buch von Ardengo Soffici, dem vielleicht einflußreichsten toskanischen Maler des 20. Jahrhunderts:
„Und du bist klassisch, mein lieber Soffici, du bist antik und intellektuell wie wir Toskaner alle, deren Herz beschaffen ist wie unsere trockene, sandige Erde... (...). Eben wegen unserer Herzenskälte, wegen unserer Nüchternheit sind wir groß und furchtbar... sie machen aus uns die stolzesten Feinde der gesamten modernen Welt... Wir sind die antikesten, die klassischsten Männer Italiens".
Lassen wir das Jahr, das mitten in der Zeit des „rappel à l'ordre" liegt, sowie die Akteure dieses dröhnenden Geständnisses beiseite, so kann diese Aussage unter den für die Toskana typischsten Intellektuellen als Sinnbild dessen gelten, was die florentinische Kunst dieses Jahrhunderts hat sein wollen — selbstverständlich, ohne es zu erreichen. Heute werden die, die vor einigen Jahren noch als Protagonisten der italienischen Malerei galten, von der Kritik weniger ernstgenommen. Als Beispiel möge hierfür Ottone Rosai als Meister einer Kunst dienen, deren Schlüssel der „antimoderne" Anspruch auf Beständigkeit war, und die sich deshalb die Gleichwertigkeit von lokaler Färbung und übergreifender Tradition, zwischen den engen Mauern von Bellosguardo und dem St. Victoire Cézannes als Maßstab setzte. Diese gewollte Anti-Modernität verdient einige Betrachtungen. Zunächst ist sie von einer solchen Antinomie, daß sie an eine Art gigantischen „double-bind" erinnert, in dem die Kultur einer Stadt und einer Epoche eingebunden ist. Man kann klassisch sein, weil man es von Natur aus ist, weil man es schließlich immer gewesen ist. Und man ist Feind der Moderne, weil diese „unschuldige", mit den Worten Schillers *naive* Klassik die tiefste Wurzel der Modernität ist, beispielhafte Station einer aufgehobenen Zeit, die über jeglicher auf das unbekannte Neue gerichteten Absicht steht.
In diesem Klima, in dem die leidenschaftliche Glut der Avantgarde-Zeitschriften erloschen und der

vernacolare ed una aulicamente universalistica, tra un „basso" ed un „alto" che possono intrecciarsi, poichè sono declinazioni dello stesso modello.

Non è irrilevante notare come a sostanziare teoricamente questo paradigma abbia concorso in modo decisivo la forza normativa con la quale un vocabolario critico di derivazione formalista e purovisibilista ha potuto imporre la propria autorità nel contesto fiorentino. La poetica figurativa aperta da Fiedler e Hildebrand ha trovato a Firenze prima in Bernard Berenson, poi in Roberto Longhi e nei suoi allievi, una continuità esemplare per la sua capacità di fissare l'apparente legalità storica dello sviluppo aritistico in esclusivo canone formale, secondo il quale decidere ciò che è arte e ciò che non lo è. A differenza che altrove, dove gli sviluppi del purovisibilismo hanno sostanziato il modernismo critico, da Roger Fry in Inghilterra a Clement Greenberg negli USA, in Italia (e a Firenze in particolare) l'autorità di Longhi ha chiuso le porte a ciò che non rientrava nel canone sintetico — *classico* — di un Cézanne letto in senso volumetrico, attraverso Piero della Francesca: con buona pace cubismo, di De Chirico, del futurismo.

Il fatto che nel dopoguerra si sia avvertita la necessità di ripartire là dove un certo discorso era stato interrotto, e cioè proprio dal cubismo, indica più l'impossibilità di trovare il punto d'inizio del proprio presente che un autentico, vero rinnovamento: non a caso gli oppositori al clima di Rosai e di Novecento si raccoglievano sotto un ombrello che prendeva il nome di „Manifesto dell'astrattismo classico". Per continuare lungo il percorso contraddittorio e antinomico dell'emblema che abbiamo scelto, Curzio Malaparte muore conteso tra Partito Comunista e chiesa cattolica: donerà ai cinesi di Mao la propria villa a Capri, uno straordinario esempio di architettura razionalista italiana, opera di Adalberto Libera.

Nella capitale della politica, Roma, e in quella dell'industria, Milano, avvengono i rivolgimenti; non tutti radicali quanto nelle intenzioni, ma abbastanza da produrre Forma Uno, e poi Colla, Burri, Fontana, Lo Savio... Nel frattempo, mentre i segni della speculazione edilizia deturpano le città italiane, a Firenze Giovanni Michelucci formula un razionalismo intriso di echi vernacolari, che aggiun-

Futurismus *in loco* besiegt ist, bleibt in der florentinischen Kunst jener Zeit, in der sich das Bild des typisch Florentinischen formt, die Alternative — offensichtlich diesseits von jeglichem „nicht-gegenständlichen" Experimentieren — zwischen einer einfachen mundartlichen und einer gehobenen universalistischen Bildlichkeit angelegt, zwischen einem „Niedrig" und einem „Hoch", die sich ineinander verschlingen können, weil sie Ausformungen ein und desselben Modells sind.

Dabei ist es nicht ohne Bedeutung, daß die maßgebende Kraft, durch die ein kritisches Vokabular formalistischer und rein-sichtbarer Herkunft sich in diesem florentinischen Kontext hat durchsetzen können, entscheidend dazu beigetragen hat, dieses Modell theoretisch zu untermauern. Die von Fiedler und Hildebrand eingeführte figurative Poetik hat in Florenz zunächst bei Bernard Berenson, dann bei Roberto Longhi und seinen Schülern eine beispielhafte Kontinuität gefunden — durch ihre Fähigkeit, die scheinbare historische Gesetzmäßigkeit der künstlerischen Entwicklung in einem ausschließlich formalen Regelkanon festzulegen, nach dem entschieden wird, was Kunst ist und was nicht. Im Gegensatz zu anderen Ländern, in denen die Entwicklung des Formalismus — von Roger Fry in England zu Clement Greenberg in den USA — den kritischen Modernismus wesentlich gestaltet hat, hat in Italien (und in Florenz ganz besonders) die Autorität von Longhi vor dem die Türen verschlossen, was nicht in den synthetischen — *klassischen* — Regelkanon eines in volumetrischem Sinne nach Piero della Francesca verstandenen Cézanne paßte, — ob nun in Einklang mit dem Kubismus, De Chirico und dem Futurismus oder nicht.

Die Tatsache, daß man in der Nachkriegszeit das Bedürfnis verspürte, dort, wo ein bestimmter Diskurs unterbrochen worden war, wieder anzusetzen, und zwar beim Kubismus, weist weniger auf eine authentische, wirkliche Erneuerung, als vielmehr auf die Unmöglichkeit hin, den Ausgangspunkt der eigenen Gegenwart zu finden: Es ist kein Zufall, wenn sich die Gegner von Ottone Rosai und der Atmosphäre des „Novecento" unter einem Dach versammelten, das den Namen „Manifest des klassischen Abstraktismus" trug.

ge gli ultimi anelli alla trama architettonica di un centro cittadino che dall'ottocento ad oggi ha assunto sempre più la continuità fantasmagorica di una *féerie* neo-rinascimentale. In questa storia che non sembrerebbe mai poter finire e forse nemmeno cominciare davvero, gli eventi quasi coevi dell'alluvione e dell'esplosione della protesta studentesca costituiscono qualcosa che assomiglia ad un punto di svolta. Ciò anche perchè le lacune dell'amministrazione e la decadenza delle sedi editoriali della cultura fiorentina aprono uno strappo nell'immagine culturale della città, strappo che va ad attraversare le stesse determinazioni conciliate e armoniche dell'autocoscienza degli intellettuali ed artisti fiorentini. Non è un caso, però, ad indicare la persistenza residuale di un modello, che le esperienze più radicali prodotte a Firenze nel clima degli anni sessanta-settanta siano soprattutto esterne alle arti figurative, dal contesto della poesia verbo-visiva all'architettura di Archizoom e Superstudio, al teatro del Carrozzone, gruppo ora noto con il nome di Magazzini: come se la spinta verso il superamento dei confini letterali delle arti, che accomuna queste esperienze, dovesse trovare il proprio punto archimedico al di fuori del recinto dell'arte figurativa.

Il declino, ormai evidente, che Firenze vive come centro di cultura „universale", nell'arretratezza del suo modello economico e l'incipiente smarrimento delle sue funzioni tradizionali, la rende paradossalmente un luogo dove è possibile, oggi, seguire un percorso artistico autonomo.

Al di là di qualsiasi nostalgia per una „fiorentinità" di cui si comincia a intendere il portato fantasmatico-coattivo — pur avvertendo con tristezza la scomparsa degli attributi concreti del mondo che era alla base di quell'immagine — gli artisti che qui espongono le loro opere sono lontani dal rivendicare appartenenze locali, di cui avvertirebbero ormai soltanto lo stigma vernacolare. Al tempo stesso, l'improponibilità ormai evidente di qualsiasi ritorno alle origini, se per esse si intenda l'immagine artificiale e di maniera che l'ufficialità continua a perpetuare della città, li esenta anche dalla necessità di un confronto esplicito. È d'altra parte probabile che il miglior modo, oggi, di confrontarsi con la tradizione sia quello che si svolge nella discrezio-

Um den widersprüchlichen, antinomischen Weg des von uns gewählten Sinnbildes weiter zu verfolgen: Curzio Malaparte stirbt, von der kommunistischen Partei und der katholischen Kirche umkämpft. Den Chinesen Maos schenkt er seine Villa auf Capri, ein außergewöhnliches Beispiel rationalistischer italienischer Architektur, ein Werk von Adalberto Libera.

In Rom, der Hauptstadt der Politik, und in Mailand, der Hauptstadt der Industrie, finden die Umwälzungen statt, die zwar nicht alle so radikal sind wie beabsichtigt, aber doch genügend, um Forma Uno und dann Colla, Burri, Fontana, Lo Savio hervorzubringen... In der Zwischenzeit formuliert Giovanni Michelucci in Florenz, während die Folgen der Bauspekulation die italienischen Städte verunstalten, einen Rationalismus voller Lokalkolorit, der die letzten Kapitel in der Architekturgeschichte eines Stadtzentrums schreibt, das seit dem 19. Jahrhundert immer mehr die trugbildhafte Kontinuität einer Neu-Renaissance-Zauberei angenommen hat.

In dieser Geschichte, die nie enden und vielleicht noch nicht einmal wirklich beginnen zu können scheint, stellen die Überschwemmung (in Florenz 1966, Anm. d. Red.) und die sich beinahe gleichzeitig ereignende Explosion der Studentenrevolte etwas dar, was einem Wendepunkt gleichkommt. Und das auch, weil die mangelnde Verwaltung und der Verfall der florentinischen Kulturstätten einen Riß durch das kulturelle Bild der Stadt ziehen, der sogar quer durch das festgelegte, ausgeglichene und harmonische Selbstgefühl der Florentiner Intellektuellen und Künstler geht. Nicht zufällig aber weist auf die Restbeständigkeit des Modells gerade die Tatsache hin, daß die radikalsten Erfahrungen, die in Florenz im Klima der 60er und 70er Jahre gemacht werden, sich vor allem außerhalb der bildenden Künste abspielen, vom Bereich der verbal-visuellen Poesie zur Architektur von Archizoom und Superstudio zum Teatro del Carozzone, einer jetzt unter dem Namen Magazzini bekannten Gruppe; als ob der Anstoß zur Überwindung der genau festgelegten Grenzen der Künste, die diese Erfahrungen miteinander verbindet, seinen archimedischen Punkt außerhalb des Bereiches der bildenden Kunst finden müßte.

ne di un percorso singolare, al di fuori di ipotesi generalizzanti e di enunciazioni di principio.

Sono artisti che appartengono a generazioni diverse. Non per questo tra di loro vi sono ascendenze dirette. Gli apporti e i nessi artistici che sostanziano il loro lavoro sono molteplici, assai spesso rivolti verso un altrove posto al di là dei confini nazionali e continentali. Tutti vivono e lavorano a Firenze, eccetto Alfredo Pirri, che vi ha però vissuto, studiato e lavorato abbastanza a lungo da prepararvi la sua prima mostra personale. Alcuni di loro, come nel caso di Catelani, De Lorenzo, Guaita, hanno esposto per i primi anni assieme, senza però assumere le caratteristiche vincolanti di un gruppo artistico.

D'altra parte, il fatto che in questa mostra appaiano pochi „quadri" nel senso di *tableaux* indipendenti dallo spazio espositivo ha pure un senso evidente, che non si vuole però, per ciò che riguarda gli artisti provenienti da Firenze, assumere in un senso esclusivo rispetto all'immagine, al „Bild" nel duplice senso permesso dalla parola tedesca.

In tal senso, se c'è un tratto comune, seppur esile, nella ricerca di questi artisti e il loro elaborare rapporti percettivi che vanno al di là della letteralità; vi è sempre un margine di improprietà, che la si chiami simbolica o metaforica non importa, nel modo in cui queste opere fanno significare i materiali e le forme di cui sono composti. E dove vi è improprietà, vi è scarto rispetto alla definizione, spostamento analogico da un registro all'altro, e quindi anche immagine. In un uso non denotativo, quanto già da sempre connotativo dello spazio è possibile così cogliere la distanza che separa le opere qui esposte dalle „installazioni" in senso proprio, come ci sono note dalla pratica artistica degli anni sessanta e settanta. La stazione dell'opera nello spazio, il suo presentarsi (sich darstellen), equivale qui alla postula del corpo umano nella sua elementarità pre-rappresentativa (vorstellen), ma il vocabolario di tale presentazione è sempre storicamente determinato e stratificato — non vi è grado zero.

Da quanto si è detto emerge che non si è inteso qui rappresentare la generalità di una situazione artistica fiorentina degli ultimi anni, quanto le singolarità di alcuni cammini, quello di chi scrive non escluso, che hanno trovato a Firenze il luogo forse

Der inzwischen offensichtliche Niedergang, den Florenz — in Zusammenhang mit der Rückständigkeit seiner ökonomischen Struktur und der schwindenden Bedeutung seiner traditionellen Funktionen — als „universales" Kulturzentrum lebt, macht die Stadt paradoxerweise zu einem Ort, wo es heute möglich ist, einen autonomen künstlerischen Weg zu verfolgen. Jenseits von aller nostalgischen Sehnsucht nach einer „fiorentinità", durch die man erst das zwanghaft Gespenstische des Resultats begreift — und obwohl man zugleich dem Verschwinden der konkreten Attribute der Welt nachtrauert, die jenem Bild zugrunde lag —, sind die hier ihre Werke ausstellenden Künstler weit davon entfernt, eine lokale Zugehörigkeit geltend machen zu wollen, von der sie ohnehin nur noch das lokale Stigma aufweisen würden. Zugleich entbindet sie die nunmehr offensichtliche Unmöglichkeit, zu den Ursprüngen zurückzukehren — wenn man darunter das artifizielle und manierierte Image versteht, das offiziell in der Stadt gepflegt wird —, auch von der Notwendigkeit einer ausdrücklichen Stellungnahme. Auf der anderen Seite liegt wahrscheinlich die beste Art und Weise, sich heute mit der Tradition auseinanderzusetzen, in der Abgeschiedenheit des Weges des Einzelnen, jenseits von verallgemeinernden Hypothesen und Prinzipienreiterei.

Die Künstler gehören verschiedenen Generationen an. Aber nicht aus diesem Grunde gibt es zwischen ihnen direkte Verbindungen. Es sind vielfältige künstlerische Einflüsse und Zusammenhänge, die ihre Arbeit ausmachen und oft auf einen Bezugspunkt jenseits nationaler und kontinentaler Grenzen gerichtet sind. Das gilt in besonderem Maß, einerseits für Maurizio Nannucci und andererseits für Marco Bagnoli, Künstler, die im Lauf der Zeit ihren Weg gemacht haben. Alle leben und arbeiten in Florenz außer Alfredo Pirri, der aber lange genug da gelebt, studiert und gearbeitet hat, um dort seine erste Einzelausstellung vorzubereiten. Einige von ihnen, so Catelani, De Lorenzo und Guaita, haben in den ersten Jahren zusammen ausgestellt, ohne jedoch deshalb den bindenden Charakter einer Künstlergruppe anzunehmen. Andererseits hat die Tatsache, daß in dieser Ausstellung nur wenige Bilder im Sinne von *tableaux*

non casuale di esistenza. Nel confronto con gli artisti provenienti da Berlino vorremmo che la natura di „luogo eventuale", nelle parole di Ingeborg Bachmann, di queste due città potesse apparire, al di là di identità già costituite.

zu sehen sind, die in keinerlei Abhängigkeit vom Raum konzipiert sind, einen offensichtlichen Sinn, der aber, was die Florentiner Künstler betrifft, die Sichtbarkeit des Bildes nicht ausschließt, Bild hier verstanden in dem doppelten Wortsinn, den das Deutsche enthält.

Wenn es in der Suche dieser Künstler einen, wenn auch schwachen gemeinsamen Nenner gibt, dann ist es in diesem Sinne das Erarbeiten von Wahrnehmungsbezügen, die über deren wörtliche Auffassung hinausgehen. In der Art und Weise, wie diese Werke den Materialien und Formen, aus denen sie zusammengesetzt sind, Bedeutung verleihen, gibt es immer einen Rest von Nichtübereinstimmendem, ob man es nun symbolisch oder metaphorisch nennen mag. Und wo das Nichtübereinstimmende existiert, gibt es die Abweichung von der Definition, die analoge Verschiebung von einem Register ins andere und daher auch das Bild. In einem nicht ausdrücklichen, da schon immer den Raum miteinbeziehenden Gebrauch ist es so möglich, den Abstand der hier ausgestellten Werke von den „Installationen" im eigentlichen Sinne zu erfassen, wie sie aus der künstlerischen Praxis der 60er und 70er Jahre bekannt sind. Der Standort des Werkes im Raum, sein Sich-Darstellen entspricht dabei dem menschlichen Körper in seinem vorgestellten elementaren Charakter, aber das Vokabular einer solchen Darstellung ist immer historisch determiniert und geschichtet — einen Grad Null gibt es nicht.

Aus dem Gesagten wird deutlich, daß es nicht die Absicht war, hier eine für Florenz allgemeingültige künstlerische Situation der letzten Jahre darzustellen, sondern daß das Singuläre einiger Wege, der des Schreibenden nicht ausgeschlossen, aufgezeigt werden soll, die in Florenz vielleicht nicht zufällig ihren Lebensraum gefunden haben. In der Gegenüberstellung mit den Berliner Künstlern wünschen wir uns, daß jenseits von bereits festgelegten Identitäten die Eigenart des „Ortes für Zufälle" (nach Ingeborg Bachmann) dieser beiden Städte zum Vorschein kommen möge.

Thomas Eller

1964
geboren in Coburg/nato a Coburg

1978-1979
Beginn der Selbstformungstätigkeit/Inizio della propria formazione

1984
Arbeit im Malersaal der Städtischen Bühnen Nürnberg/Lavoro nella sezione di scenografia dei teatri di Norimberga

1985
Studium an der Hochschule der Künste, Berlin/Studio alla Hochschule der Künste, Berlino

1986
Zwangsexmatrikulation/Espulsione dalla scuola
Studium der Religionswissenschaften an der Freien Universität Berlin/Studio a scienze delle religioni alla Freie Universität, Berlino
Stipendium des Evangelischen Studentenwerks/Borsa di studio del Evangelisches Studentenwerk

1990
Förderkoje auf der Art Köln/Stand promozionale alla Art Colonia

1991
Arbeitsstipendium der Senatsverwaltung für Kulturelle Angelegenheiten, Berlin/Borsa di studio dell'amministrazione senatoriale per gli affari culturali, Berlino

lebt in Berlin/vive a Berlino

Einzelausstellungen, Auswahl/Mostre Personali, Scelta

1987
Galerie Ohne Ort, Fruchthaus Nordmann, Bleibtreu Augenoptik, Reisebüro Bleibtreu, Die Dunkelkammer

1990
Galerie Ohne Ort, Führung durch das Wissenschaftszentrum Berlin
Galerie Ohne Ort, Führung über die Art Frankfurt
THE Sublime — Selbst, Galerie Anselm Dreher, Berlin
Warum ich Kunst mache, ID-Galerie, Düsseldorf

1991
THE Künstler — Selbst (aus Nürnberg), Galerie Defet, Nürnberg

Gruppenausstellungen, Auswahl/Mostre Collettive, Scelta

1989
ID-Galerie, Düsseldorf

1991
Interferenzen, Westberlin 1960-90. Riga, Lettland und St. Petersburg, Rußland
ID-Galerie, Düsseldorf
Villa Massimo-Kandidaten, Wilhelm-Hack Museum, Ludwigshafen
Zwischen 1 und 2. Ein Kommunikationsmodell, Künstlerhaus Bethanien, Berlin

Albrecht Dürer (1471—1528)
Das große Rasenstück/La grande zolla d'erba, 1503
Aquarell auf Papier/Acquarello su carta
Graphische Sammlung Albertina, Wien/Vienna

THE Selbst (mit großem Rasenstück)

Perspektive (und wir denken dabei natürlich sofort an Zentralperspektive) ist heute überhaupt kein Thema. Alles scheint klar zu sein. Dennoch darüber zu sprechen, muß begründet sein. Daß es in der Geschichte auch schon andere Konzeptionen der bildhaften Darstellung von Raum gab, ist uns nicht gerade sehr bewußt. Zumeist halten wir antike Raumdarstellungen für mißlungen. Die zugrundeliegende Vereinbarung über die Konzeption der Raumdarstellung halten wir üblicherweise für *natürlich* und verkennen dabei deren Konstruiertheit. Zentralperspektive aber beruht auf bestimmten apriorischen Voraussetzungen. Wir stellen uns „das Bild als einen planen Durchschnitt durch die 'Sehpyramide' vor, die dadurch entsteht, daß ich das Sehzentrum als einen Punkt behandle und diesen mit einzelnen charakteristischen Punkten des darzustellenden Raumgebildes verbinde." (1) Tatsächlich aber haben wir zwei bewegliche Augen mit sphärischem Augenhintergrund, nicht wie der Einäugige auf der Abbildung, der durch sein Fenster auf einen Raumkasten schaut. In dieser Versuchsanordnung kann der Zyklop mit dem Blindenstab seine Position nicht verändern, er würde sonst die ganze Konstruktion niederreißen. Bewegung aber ist Veränderung in der Zeit. Der Zyklop also ist auf einen Ort gebannt und kennt keine Zeit. Damit ist der rationale, d. h. unendlich stetige, homogene Raum erfunden. Es ist der Systemraum der Mathematik, in dem ihre Gesetze unabhängig von der Zeit gültig sind. In der Renaissance, als diese Perspektive erfunden wurde, sah man die Welt durch ein solches Fenster. Die Zentralperspektive bewirkte eine Beschleunigung des Raumes (imperiale? Expansion) auf den Fluchtpunkt zu und in ihm einen Stillstand der Zeit (Zentralismus) (2). Der Fluchtpunkt war der Herrschaftssitz. Man hat die Welt durch ein Fenster (Bilderrahmen) geordnet und beherrscht. Etwas von dieser Autorität spürt man auch heute noch als Fotograf. Die Camera Obscura ist die technische Verkörperung dieser Auffassung von Perspektive (sie ist sozusagen eingebaut). Beim Blick durch die Kamera scheint Alles auf mich zu-

THE Sè (con grande zolla d'erba)

La prospettiva, e il pensiero ovviamente va subito alla prospettiva centrale, oggi non è più motivo di discussione. Tutto sembra già chiaro: ma chi ne parla, deve farlo con fondamento. Non siamo neanche consapevoli, quasi, che nella storia vi sono state anche altre concezioni della presentazione dello spazio in un'immagine. Il fondamentale accordo sulla concezione della presentazione dello spazio viene ritenuto *naturale*, misconoscendo così la sua artificialità. Ma la prospettiva centrale riposa su determinate premesse a priori. Noi rappresentiamo „l'immagine come un taglio piano attraverso la 'piramide visiva', piramide che sorge quando io intendo il centro della visione come un punto e lo collego con singoli punti caratteristici della formazione spaziale che voglio rappresentare". (1) In realtà però noi abbiamo due occhi mobili a sfondo sferico, a differenza del monocolo nell'illustrazione, che guarda attraverso la sua finestra verso una scatola spaziale. In questo tentativo di disposizione il ciclope con la bacchetta da cieco non potrebbe mutare la sua posizione, altrimenti distruggerebbe l'intera costruzione. Ma il movimento è trasformazione nel tempo. Il ciclope, quindi, è prigioniero di un luogo, e non conosce tempo. Così nasce lo spazio razionale, e cioè infinitamente costante ed omogeneo. E' lo spazio sistematico della matematica, in cui le sue leggi sono indipendenti dal tempo. Nel Rinascimento, quando questa prospettiva venne inventata, si guardava il mondo attraverso questa finestra. La prospettiva centrale produsse un'accelerazione dello spazio verso il punto di fuga (espansione imperiale), sospendendo il tempo al suo interno (centralismo).(2) Il punto di fuga era le sede del dominio. Il mondo veniva ordinato e dominato mediante la finestra che era la cornice del quadro. Si avverte qualcosa di questa autorità ancora oggi, quando si scatta una fotografia. La Camera Obscura è la materializzazione tecnica di questa concezione della prospettiva. Guardando attraverso l'obiettivo tutto sembra tendere verso di me. Con la macchina fotografica io posso tenere il mondo in pugno, come un dominatore, in una sorta di imperialismo portatile. Come è possi-

zustreben. Mit diesem Kasten kann ich die Welt festhalten (das ist das, was der Herrscher tut), was so etwas wie portabler Imperialismus ist. Wie läßt sich Weltbezug ohne totalistische, zentralistische Perspektive herstellen?
Die Arbeit von Thomas Eller bezieht sich auf das Aquarell von Albrecht Dürer „Das große Rasenstück" als kunsthistorischem Referenzpunkt. Seine „Italienreise" nimmt er zum Anlaß der Beschäftigung mit dem Problem der Perspektiven. Zwölf farbige Großfotos von Wiesenpflanzen, auf Aluminium aufgezogen, werden durch eine Aluminiumkonstruktion in eine Position gebracht, in der sie räumlich gestaffelt vor der Wand schweben. Davor steht eine s/w Fotofigur von Thomas Eller. Die Größe der gesamten Installation ist ca. 600 cm Breite, 350 cm Höhe und 100 cm Tiefe. Albrecht Dürer entwickelte in der Renaissance, nach seiner Italienreise, den Apparat des zentralperspektivischen Systemraums.
Läßt sich unser heutiges Interesse an den Dingen noch mit den Mitteln der Zentralperspektive beschreiben? – Nein! Die Dinge erscheinen uns heute ganz anders. Sie sind nicht mehr kohärent im Raum geordnet, sondern immer von je einzigem Interesse. Wir sehen die Mikrostrukturen an; suchen nach den jeweiligen Eigenschaften. Der Zugriff auf die Dinge ist immer relational; durch technische Vermittlung, die die Gegenstände interpretiert, erscheinen sie erst. Das Ergebnis der Erfahrung ist abhängig von der Zeit, dem Ort, der Art der Untersuchung. Die Parameter sind immer andere.
Die Perspektive heute ist polyvalent.
Das Interesse der Arbeit Thomas Ellers ist, diese Kontextualität der Dinge am Beispiel eines Wiesenstücks zu zeigen. Mit technischer Vermittlung durch den Fotoapparat entstehen Bilder, die, ausgeschnitten und auf Aluminium kaschiert, die Vorstellung eines Wiesenstücks aus einem Dutzend Blickwinkeln zu je einem diskreten Zeitpunkt (je auf eine Pflanze) synthetisieren. Durch das Ausschneiden der Bildobjekte wird der Fotografie auf subversive Weise der monokulare, zentralistische Systemraum wieder genommen, den der Fotoapparat vorher erzeugt. Fotografie wird hier paradoxal benutzt. Das Faktum des Aus-

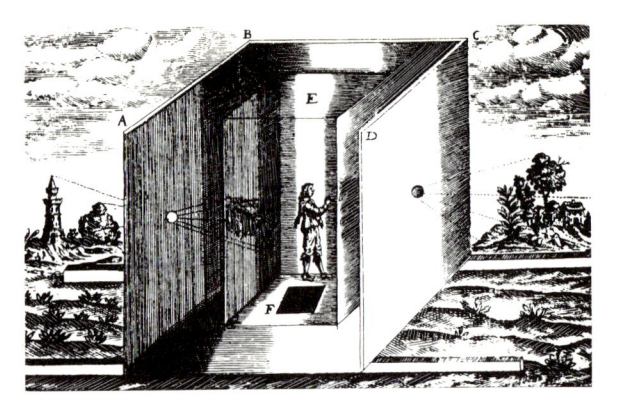

Camera obscura, Kupferstich, 1671 von Athanasius Kircher in Amsterdam gebaut/Calcografia, costruita nel 1671 da Athanasius Kircher ad Amsterdam

bile produrre un rapporto verso il mondo al di là del totalitarismo e del centralismo prospettico? L'opera di Thomas Eller rimanda all'acquarello di Albrecht Dürer „La grande zolla d'erba" come punto di riferimento storico-artistico. Egli assume il „viaggio in Italia" di Dürer come punto di partenza per trattare il problema prospettico. Dodici fotografie a colori di piante del prato, applicate su alluminio, vengono sistemate per mezzo di una costruzione di alluminio in posizione scaglionata in profondità davanti alla parete. Davanti ad esse è posta la figura di Thomas Eller, riprodotta in fotografia bianco e nero. Le dimensioni dell'intera installazione sono circa 600 cm. di larghezza, 350 di altezza e 100 di profondità. E' possibile, oggi, rappresentare il nostro rapporto con le cose mediante lo strumento della prospettiva centrale? Certamente no. Le cose ci appaiono oggi in modo molto diverso. Esse non sono più ordinate in modo coerente nello spazio, ma ognuna riveste ogni volta un interesse singolare. Noi cogliamo le microstrutture, cerchiamo le qualità locali. La presa sulle cose è sempre relazionale, esse appaiono soltanto mediante la mediazione tecnica che interpreta gli oggetti. Il risultato dell'esperienza dipende dal tempo, dal luogo, dal modo della ricerca. I parametri sono sempre diversi.
La prospettiva oggi è polivalente. L'interesse del lavoro di Thomas Eller sta nel mostrare questa contestualità delle cose nell'esempio del prato. La mediazione tecnica produce immagini che, ritagliate e montate su alluminio, sintetizzano la rappresen-

THE-Selbst (mit großem Rasenstück) — THE-Sè Stesso (con grande zolla d'erba), 1992
zwölf farbige Großfotos und S/W-Foto des Künstlers, auf Aluminium aufgezogen und ausgeschnitten/dodici fotografie di grande formato e una fotografia dell'artista in B/N, tirate su alluminio e tagliate
ca. 350 x 600 x 100 cm
(Modell/Modello)

schneidens läßt nicht auf eine gebrochene, gesplitterte Bildwelt schließen. Nicht das Bild wird kritisiert, sondern der Bildraum (somit die Perspektive auf Welt) ist in Frage gestellt. Die Bilder ohne Raum werden als reine Objekte neugeordnet und finden einen neuen Ort im Ausstellungs-Raum. Deswegen ist das daraus entstehende Bild auch ohne Rahmen. Er wird sowohl in technischer, als auch in erkenntnistheoretischer Hinsicht durch die komplexe, technisch ausgefeilte Hintergrundkonstruktion aus Platten und Aluminiumprofilen ersetzt. Die Konstruktion des Blicks wird deutlich. Dadurch wird das erkenntnistheoretische Problem, wie sich ausdifferenzierte Einzelwahrnehmungen überhaupt noch zu einem sinnvollen Gesamtbild zusammenfügen lassen, ebenso angesprochen wie die Frage der Ökologie, welche Faktoren die jeweiligen Kreisläufe bestimmen und ob sich diese in summa beschreiben lassen. Daß sich die Brüche zwischen den jeweiligen Einzelwahrnehmungen nicht glätten lassen, scheint mir eine der wichtigsten Erkenntnisse, die die „neue Perspektive" konstituieren. Es ist wichtig, dieses Nebeneinander dennoch zusammenzuhalten. Der Ort an dem dies geschieht, ist der Erfahrende selbst. Das ist der Grund für die Fotofigur (ein Selbstporträt des Künstlers), die im Vordergrund steht. Sie bildet sozusagen die erkenntnistheoretische Folie, auf der die Arbeit sich abbildet und sich dem Betrachter weitervermittelt. Denn die Frage, wer das ist? — Thomas Eller, der Autor, der sich in das Bild als Vermittler hineinstellt — ist nicht beantwortbar. Es ist nicht die romantische Bildkonzeption eines C. D. Friedrich, der mit seinen Rükkenansichten noch immer an das Paradigma der Zentralperspektive gebunden ist (der Mönch sieht in das Meer hinein); es dreht sich im Gegenteil das Bild um und sieht den Betrachter an. Es geht hier nicht darum, eine Person vorzustellen, zu sehr abstrahiert sich das Schwarz-weiß der Figur vor dem farbigen Hintergrund und wird zu einem reinen, inhaltsleeren Maßstab für die Wiesenpflanzen. Sie sind nicht mehr nur einfach groß in Bezug auf den Betrachter, für den die Situation paradox ist: Er ist sehr groß in Bezug auf die neunzig Zentimeter hohe Fotofigur, aber sehr, sehr klein in Bezug auf die Wiesenpflanzen. In dieser doppelten Zuordnung

tazione di un prato composta da una dozzina di angoli visivi, che corrispondono ognuno ad un punto temporale discreto, uno per pianta. Ritagliando gli oggetti dell'immagine alla fotografia viene sottratto, in modo sovvertitore, lo spazio sistematico monoculare e centrale che la fotografia aveva prodotto in precedenza. Il mezzo fotografico viene impiegato in modo paradossale. Il dato di fatto del ritaglio non allude ad un mondo in frantumi, ridotto in frammenti. Non è l'immagine in quanto tale ad essere oggetto di critica, ma piuttosto lo spazio dell'immagine, e così la prospettiva sul mondo, ad essere posto in questione. Le immagini prive di spazio vengono riordinate come puri oggetti e trovano un nuovo luogo nello spazio espositivo. Per questo motivo l'immagine che così nasce è priva di cornice. Essa viene sostituita sia in senso tecnico che gnoseologico dalla complessa costruzione di fondali in profilo d'alluminio. In tal modo comprendiamo come lo sguardo sia costruito. E così viene affrontato anche il problema gnoseologico del modo in cui singole percezioni differenziate possano essere ricomposte in una immagine complessiva dotata di significato, così come il problema ecologico dei fattori che determinano i singoli cicli, descrivibili o no che siano in una totalità. Una delle acquisizioni più importanti tra quelle che costituiscono la „nuova prospettiva" è che le interruzioni tra le singole percezioni non sono eliminabili. Ciò malgrado è importante tenere assieme questa successione, e il luogo in cui ciò accade è lo stesso soggetto dell'esperienza. Questo è il motivo per la riproduzione fotografica dell'artista che è posta in primo piano. Essa forma per così dire lo sfondo gnoseologico sul quale l'opera si imprime per essere trasmessa allo spettatore. Noi non possiamo rispondere alla domanda sull'identità dell'immagine — Thomas Eller, l'autore, che si introduce nell'immagine in guisa di mediatore. Non si tratta della concezione romantica dell'immagine di C.D. Friedrich, che con le sue vedute di schiena è ancora legato al modello della prospettiva centrale, dove il monaco del famoso „Mönch am Meer" guarda ancora verso il mare; al contrario, qui egli volta le spalle all'immagine e guarda verso lo spettatore. Non si tratta qui di rappresentare una persona, troppo astratto è il bianco e nero della figura rispet-

ist es das Problem und die Aufgabe des Betrachters sich selbst zu verorten. Es entsteht ein kybernetisches System über drei Positionen: Betrachter – Fotofigur – Wiesenpflanzen. Die unabschließbare Dynamik dieses Systems bildet die dialogische Struktur einer neuen Perspektive, in der der Betrachter über seinen Standpunkt selbst entscheidet. Perspektive gerät hier nicht zu symbolischer Ausübung von Herrschaft durch das Bild. Das Bild stellt die Standpunkte in Frage. Die Konstituierung von Perspektive geschieht in Zusammenarbeit mit dem Betrachter. Dies kann nur gelingen, wenn dieser die Gegenüberstellung mit Thomas Eller (als Figur) annimmt und sich vergleicht. Nun ist klar, warum Thomas Eller selbst dort steht. Er ist der Prüfstein für den Betrachter und die Aufforderung: Stellen Sie sich den Dingen! Vilém Flusser sagt das so: „Wenn „Ich" als das erkannt wird, zu dem andere „Du" sagen (wenn Selbsterkenntnis als Folge des Anerkennens der anderen erkannt wird), dann wird die Unterscheidung zwischen Erkennen (Kognition) und Anerkennen (Rekognition) hinfällig werden: Kunst und Wissenschaft werden dann als „politische Disziplinen" angesehen werden müssen. Um dies auf die Spitze zu treiben: wenn wir uns selbst als Funktion aller anderen erkennen, und alle anderen als unsere eigenen Funktionen, dann wird „Verantwortung" jenen Stellenwert einnehmen müssen, der bisher von „individueller Freiheit" besetzt ist. Und nicht mehr der Diskurs, sondern der Dialog wird die künftige Kultur strukturieren, also nicht mehr der „Fortschritt", sondern gegenseitige Begegnung." (3)

Sam Rose

(1) Erwin Panofsky: Perspektive als „symbolische Form". 1924/25
(2) siehe auch: Paul Virilio: Echtzeit-Perspektiven. 1991. In: Joachimides, C.M./Rosenthal, N. (Hrsg.), Metropolis. Stuttgart: Cantz, S. 61
(3) Vilém Flusser: Gedächtnisse. 1989. In: Ars Electronica (Hrsg.), Philosophien der neuen Technologie. Berlin: Merve, S. 54

to allo sfondo colorato per non diventare nient'altro che una vuota unità di misura per le piante del prato. Piante che non sono soltanto semplicemente grandi rispetto allo spettatore, per il quale la situazione è paradossale: egli è molto grande rispetto alla figura in fotografia, alta circa novanta centimetri, ma molto, molto piccolo rispetto alle piante. In questa doppia correlazione va situato il problema e il compito dello spettatore. Nasce un sistema cibernetico che si svolge tra tre posizioni: spettatore, figura, piante. L'irrisolvibile dinamica di questo sistema forma la struttura dialogica di una nuova prospettiva, nella quale è lo spettatore a decidere della sua posizione. La prospettiva non serve qui all'esercizio simbolico del dominio mediante l'immagine, quanto è l'immagine a porre in questione la posizione stessa. La costituzione della prospettiva avviene in collaborazione con lo spettatore, cosa che può riuscire se questo percepisce la contrapposizione con Thomas Eller (in quanto figura), e si paragona a lui. Adesso è chiaro perchè Thomas Eller è lì: egli è la pietra di paragone dello spettatore, colui che enuncia l'esigenza di porre essi stessi le cose. Così Vilém Flusser: "Se 'io' viene riconosciuto come ciò a cui gli altri dicono 'tu', se la conoscenza di sè viene riconosciuta come conseguenza del riconoscimento da parte dell'altro, allora la distinzione tra conoscere (cognizione) e riconoscere (ricognizione) diventa inutile: a questo punto l'arte e la scienza dovranno essere considerate come 'discipline politiche'. Per estremizzare: se noi ci riconosciamo come funzione di tutti gli altri, e di converso tutti gli altri divengono nostre funzioni, allora la 'responsabilità' dovrà assumere quel valore posizionale sinora occupato dalla 'libertà individuale'. Non più il discorso, ma il dialogo strutturerà la cultura a venire, non più il progresso, allora, quanto l'incontro reciproco".(3)

Sam Rose

(E.) Twin Gabriel

1962
geboren in Halberstadt, Harz/nata a Halberstadt, Harz

1982-87
Studium an der Hochschule für bildende Künste Dresden/Studio alla Hochschule für bildende Künste, Dresda

seit 1987 in Berlin/dal 1987 a Berlino

Autoperforations-Artistik

1991
Der ZWILLING/IL GEMELLO
PLASTISCHE PLANUNG/PROGETTO PLASTICO

lebt in Berlin/vive a Berlino

Performances, Auswahl/Performances, Scelta

1984
BEDEUTA 1-3, Aktionen für 2 Fotografen und Schmalfilm, Räucherei Bischofsweg, Dresden

1987
BEUYS BEINE MACHEN, zum 1. Todestag von Joseph Beuys, (mit/con Micha Brendel und Via Lewandowsky), Hochschule für bildende Künste Dresden
HERZ HORN HAUT SCHREIN (mit/con Micha Brendel und Via Lewandowsky), Hochschule für bildende Künste Dresden

1989
ALIAS/die Kunst der Fuge, (mit/con Ulf Wrede), Galerie Weißer Elefant, Bezirkskunstausstellung Berlin (Ost)
SO TRÖSTET UNS BESTÄNDIGKEIT, (mit/con Micha Brendel, Rainer Görß und Via Lewandowsky), Ausstellungszentrum unter dem Fernsehturm, Berlin (Ost)

1990
LEIBBRAND, Ballhaus im Nordpark, Düsseldorf

1991
Das Knäuel (Die Unlust in der Schöpfung); Das Ende, (mit/con Micha Brendel, Via Lewandowsky und Ulf Wrede), Moltkerei-Werkstatt, Köln

Einzelausstellungen/Mostre Principali

1986
ONE WAY/Schwarzschild/kalte Anschläge, Kreiskulturhaus Berlin-Treptow
POLPUZZLE, Bauhaus Dessau

1989
mea culpa/Schlagschatten, Galerie 85, Berlin-Weißensee

1990
DU UND DIE GEFAHR, Feuersozietät, Berlin

1991
Ziffer und Zukunft (DIE ZWECKLOK), Ludwigforum für Internationale Kunst, Aachen
ZUSTAND BESCHLEUNIGTEN SCHWEIGENS, Galerie Weißer Elefant, Berlin

Gruppenausstellungen, Auswahl/Mostre Collettive, Scelta

1989
ZWISCHENSPIELE, Künstlerhaus Bethanien und Elefanten Press Galerie, Berlin

1990
Rauma Biennale Baltikum, Rauma, Finnland
Jetzt Berlin!, Malmö Konsthall, Schweden
New Territory — Contemporary Art from East Germany, The School of the Museum of Fine Arts, Boston, Mass., USA

1991
l'Ordine delle Cose, Palazzo delle Esposizioni, Rom
Bemerke den Unterschied, Kunsthalle Nürnberg
Außerhalb von Mittendrin, Technischer Innovationspark Berlin
State of Speedy Silence, PS 1 — Museum New York, USA

Trapheri Nimmergut, 1991
Detail aus Alias 3/Dettaglio da Alias 3
Umbenennung des Schnitzwerkes an einer
Renaissance-Kanzel der Martini-Kirche Halberstadt, 1991/Ridenominazione
dell'intaglio di una pulpito rinascimentale nella Martini-Kirche di Halberstadt

Etliche Sinnbälle (Grundriß & Siedlung einsichtiger Eremiten)

Dieses Jahrhundert hat, was Naturwissenschaften betrifft, mit harten Lektionen, schwierigen Interpretationen nicht gegeizt. An seinen Witzen sollt ihr es erkennen: sein Wahrzeichen ist das Paradoxon, sein Symbol die Ellipse, das Unvorstellbare durchzieht seine Hintergründe. Kaum zeigt sich irgendwo eine Grundfigur und wird zum Muster, zum elementaren Webfehler oder was immer, ist Abstraktion zur Stelle und schließt alles im Unkenntlichen kurz. Jede Mikrowelt arbeitet am Unkenntlichwerden der Makrowelt, jeder Zusammenbruch in der Makrowelt offenbart die Mikrowelten in ihrer Schönheit, und das Ganze ist die Zerstörung. Unablässig verwickeln Wissen und Lernen sich ineinander wie im *slapstick* Arme und Beine des Komödianten. Nur selten und unglücklich finden Verstehen und Ausdruck zueinander wie beim Aphasiker die gestörten Sprachzentren des Gehirns. Patienten einer Broca-Aphasie haben oft ihre *Schwierigkeit mit den kleinen Wörtern* beklagt. Physiker sind seit Beginn des Jahrhunderts nicht müde geworden, *ihre Schwierigkeit mit den kleinen Teilchen* zu beklagen. Wenn es stimmt, daß Wirklichkeit dieses Tohuwabohu aus Einzeldaten und Realität ein Erzeugnis von Beobachtern ist, sind die berüchtigten *Welträtsel* nichts als Konzepte. Einziges Esperanto im jeweiligen Sprachspiel wäre dann Mathematik.

E. (Twin) Gabriel operiert auf Seiten der Sprachspiele, sie beschreibt in Konzepten. Doch sie weiß, am Ende aller Tunnel lauern Mathematik und Statistik. Daher ihr Credo: *Wirklichkeit Ist Ihre Definition*; ihr Lieblingsausstellungsort: das *Äthermuseum*. Zur Frage der Person fällt ihr ein Katalog von 3000 altdeutschen Namen ein, zur Frage der Kunst eine Reihe von Installationen, Vorlesungen und Performances, der eine oder andere *fake*. In *Etliche Sinnbälle* sind es etwa zwei Dutzend weiße, mit Namen beschriftete Kugellampen, gleichzeitig Lichtspender und Lichtempfänger. Streng geometrisch hängen sie von der Decke wie Stielaugen, die in verschiedene Richtungen linsen. Ihre Funktion

Alcune sfere del senso (pianta e insediamento di eremiti giudiziosi)

Per ciò che riguarda le scienze naturali questo secolo non ha lesinato dure lezioni e difficili interpretazioni. Lo possiamo riconoscere nei suoi motti di spirito: suo segno di riconoscimento è il paradosso, suo simbolo l'ellisse, l'irrappresentabile pervade i suoi sfondi. Non vi è modo che appaia una figura base e divenga esempio, difetto elementare della tessitura o cos'altro, l'astrazione occupa il campo e vira tutto nell'irriconoscibile. Ogni micromondo lavora a rendere irriconoscibile il macromondo, ogni catastrofe nel macromondo rivela i micromondi nella loro bellezza, e l'intero è la distruzione. Sapere ed apprendere s'intrecciano incessantemente l'uno nell'altro, come nella *Slapstick Comedy* braccia e gambe degli attori. Comprensione ed espressione s'incontrano di rado, così come avviene negli afasici, i cui centri linguistici cerebrali sono danneggiati. Pazienti che soffrono dell'afasia di Broca si lamentano spesso della loro *difficoltà con le parole più piccole*. sin dagli inizi del secolo i fisici non si stancano di lamentare la loro *difficoltà con le particelle minime*. Se è vero che la effettualità di questo guazzabuglio di dati singoli e realtà è un prodotto dell'osservatore, i famigerati *enigmi* non sono che altro che concetti. L'unico esperanto valido per ogni gioco linguistico sarebbe la matematica.

E. (Twin) Gabriel opera dalla parte dei giochi linguistici, essa descrive impiegando concetti; ma sa che alla fine di qualsiasi tunnel stanno appostate matematica e statistica. Da qui il suo credo: *La realtà è la sua definizione*; il suo luogo di esposizione preferito: il *museo dell'etere*. Alla domanda sulla persona essa risponde con un catalogo di 3000 nomi tedeschi antichi, alla domanda sull'arte con una serie di installazioni, conferenze e performances, gli uni o gli altri rigorosamente *fake*. In *Etliche Sinnbälle* circa due dozzine di lampade a sfera bianche, che recano la trascrizioni dei nomi, diffondono e ricevono la luce allo stesso tempo. Appese al soffitto in rigoroso ordine geometrico, esse sembrano occhi peduncolati, che guardano in dire-

Konstruktion zweier Leselampen als Entwurf für „Etliche Sinnbälle"/Construzione di due lampade da lettura come progetto per „Etliche Sinnbälle", 1992

im Raum könnte die von Okularen sein: so dicht über dem Boden laden sie den Betrachter zum Hineinsehen ein. Doch außer Helligkeit ist nichts zu erkennen. Seltsam, daß beinahe jede Installation, ob lichttechnisch oder mechanisch, skulptural oder lettristisch, das Große Glas des Marcel Duchamp ergänzt. Solange die Erzählung anhält, wird das Glas immer größer, bis es zuletzt, wie nach heimlichem Plan, die ganze Welt als ihren eigenen Kommentar umfaßt. Wenn es soweit ist, wenn die beobachtererzeugte Realität, dank einiger Formeln und Sprachspiele ausreichend beschrieben sein wird, zeigt sich vielleicht: der Punkt totaler Erhellung fällt mit dem Punkt völliger Zerstörung zusammen.

Durs Grünbein

zioni diverse. La loro funzione nello spazio potrebbe essere quella di lenti oculari; così fitte al di sopra del pavimento, esse parrebbero invitare lo spettatore a dare un'occhiata, ma al di là del chiarore non vi è nulla da vedere. È strano come ogni installazione, basata sulla tecnica luminosa o meccanica, scultorea o lettrista, sembri un complemento al Grande Vetro di Marcel Duchamp. Finchè il racconto continua, il vetro diventa sempre più grande, quando infine come seguendo un piano segreto arriva ad abbracciare il mondo intero, che a questo punto è suo interminabile commento. Quando si sarà arrivati a questo punto, quando la realtà prodotta dallo spettatore verrà descritta in modo soddisfacente grazie ad alcuni giochi linguistici e formule, il punto di chiarità totale si rivelerà forse coincidere con il punto della distruzione totale.

Durs Grünbein

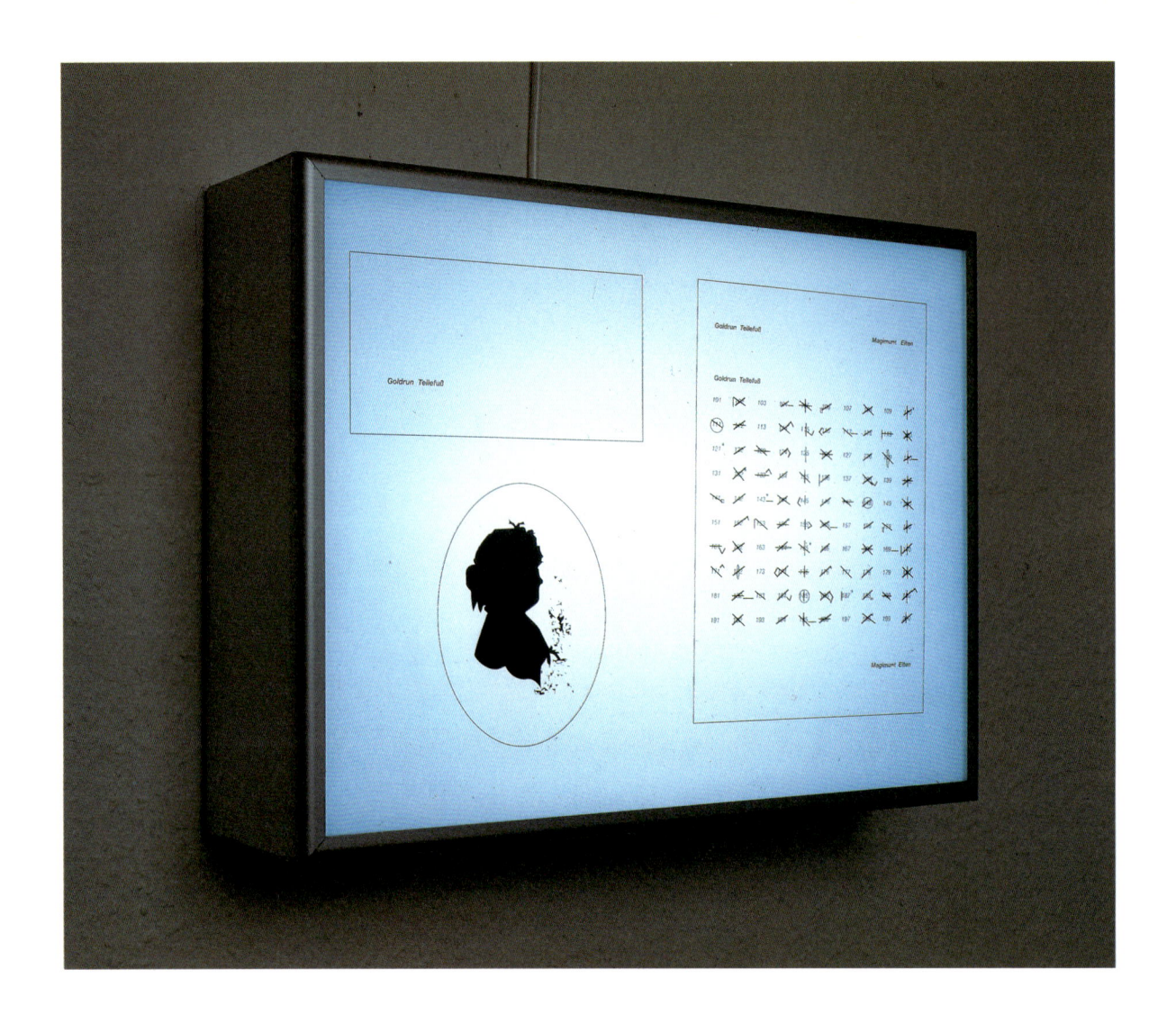

Zustand beschleunigten Schweigens/Condizione del tacere accelerato, 1991
Brief (Attrappe auf Film im Lichtkasten)/Lettera (imitazione su pellicola in light-box)

Zustand beschleunigten Schweigens/Condizione del tacere accelerato, 1991
Stimmgabel, mit Gummi gedackt/Diapason, incollato con gomma, 20 x 15 x 20 cm
Installation in der Gallerie Weißer Elefant, Berlin/Installazione alla Galerie Weißer Elefant, Berlino

Ulrike Grossarth

1952
geboren in Oberhausen/nata a Oberhausen

1969-72
Else-Lang-Schule Köln, Künstlerischer Tanz/Else-Lang-Schule Colonia, Danza Artistica

1972-74
Folkwangschule Essen, Institut Tanz/Folkwangschule Essen, Istituto di Danza

1974/75
Paluccaschule, Dresden/Paluccaschule, Dresda

seit 1976/dal 1976
Entwicklung einer empirischen Methode „Der Körper als Organ des Denkens und Handelns"/Sviluppo di un metodo empirico „Il corpo come organo del pensare e dell'agire"

1980-83
Free International University, Zweigstelle Essen/Free International University, succursale Essen

1991
Gründung der Initiative COMMON GROUND: Praktische Fragen der Kultur, Kunst und Gesellschaft mit Interessenten und Teilnehmern/Fondazione dell'iniziativa COMMON GROUND: Domande pratiche della cultura, dell'arte e della società con interessati e partecipanti

lebt in Berlin/vive a Berlino

Performances und Aktionen seit 1976/Performances ed azioni dal 1976

Museum Folkwang, Essen, Museum Bochum Kunstsammlung, Karl Ernst Osthaus Museum, Hagen, Städtisches Museum Gelsenkirchen, Halle für aktuelle Kunst, Oberhausen, Westfälischer Kunstverein Münster, Kölnischer Kunstverein, Rheinisches Landesmuseum Bonn, Von der Heydt-Museum, Wuppertal, Kunstakademie Düsseldorf, Kunsthalle der Stadt Bielefeld, Kunstverein Rottweil, Museum am Ostwall, Dortmund, Museum Marl, Kunstzentrum Oosterport Groningen, Modern Art Galerie Wien

Videofilme/Videografia

1984 Kohlenstraße
1985 Der Ofen
1987 Die Ideale Starre
1991 Die Küche von Boris Jelzin

Veröffentlichungen/Pubblicazioni

„Geh", in: Jürgen Kramer: Die 80er Jahre, Gelsenkirchen 1982
Heimat, Selbstverlag 1983
Übungen, Selbstverlag 1985
Material fürs Diktat III, Künstlerhaus Bethanien, Berlin 1987

Einzelausstellungen/Mostre Personali

1987
Künstlerhaus Bethanien, Berlin

1989
Kutscherhaus, Berlin

1990
Galerie Zwinger, Berlin

1991
Barbara Gross Galerie, München
Ni vu ni connu, Goethe-Institut, Brüssel

Gruppenausstellungen/Mostre Collettive

1989
Kunstverein Impulse, Hamburg

1991
L'Ordine delle Cose, Palazzo delle Esposizioni, Rom

Courbette rechts gerade aus von einem Hüffschlag.
La Courbette à la droite sur la ligne.
N.° 33.   J. E. R.

aus/da:
Johann Elias Ridinger, Vorstellung und Beschreibung derer
Schul und Campagne Pferden nach ihren Lectionen,
Augsburg Anno 1760 (Neuauflage im Liebhaberdruck/Nuova edizione,
Kanter Verlag, Königsberg 1941)

Schränke, Tische, Stühle, Sessel
Sofas, Regale, sonstige Gestelle

in den leeren Raum hineintragen
abstellen
lehnen, unterschieben, einzwängen, kanten
auftürmen, anpassen
bis in Schrankhöhe schichten
bis in den Türrahmen hinein
Türe schließen.

Türe öffnen
sich in die Materialmasse hineinbegeben
steigen, einsacken, weiterrutschen, liegenbleiben
Gewicht, Druck, Gegendruck.
in der Stille der verharrenden Materiale
lehnen, nachgeben, einpassen
verschwinden
ruhen.

Armadi, tavoli, sedie, poltrone/Divani, scaffali, ulteriori scansie
Portare nello spazio vuoto/Posare/Poggiare, metter sotto, forzare, smussare/Accatastare, adattare/Impilare sin all'altezza di uno scaffale/A riempire le cornici delle porte/Chiudere la porta
Aprire la porta/Spingersi dentro le masse di materiale/Salire, sprofondare, scivolare, rimanere disteso/Peso, spinta, resistenza/Nella quiete dei materiali che perdurano/Posare, cedere, conformarsi/Scomparire/Riposare.

Courbette rechts gerade aus von einem Hüfferhlag.
La Courbette à la droite sur la ligne.

Ulrike Grossarth
aus/da: Lektionen, 1991

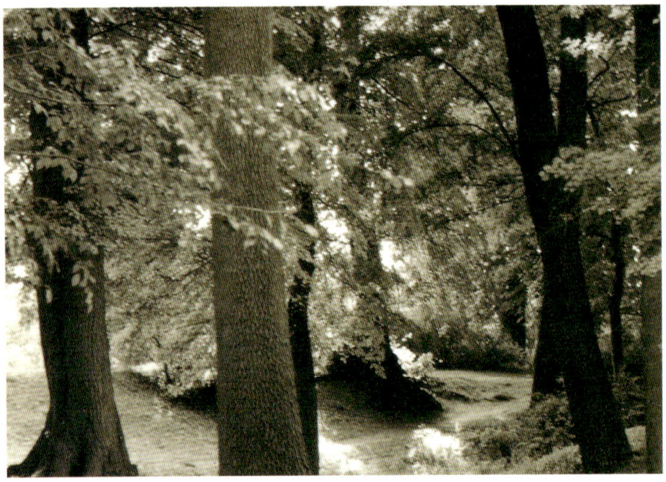

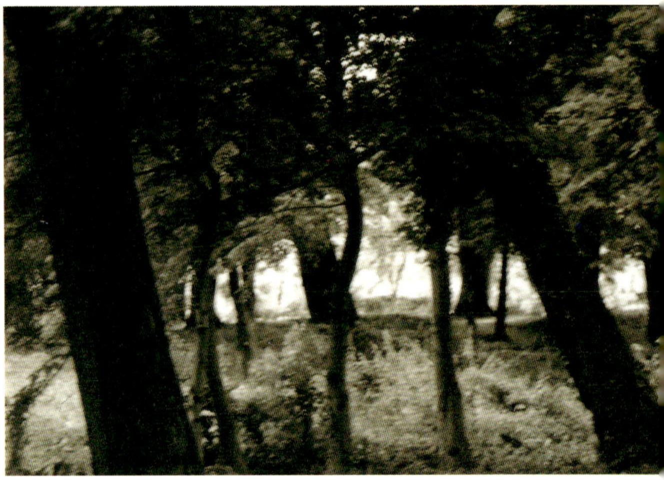

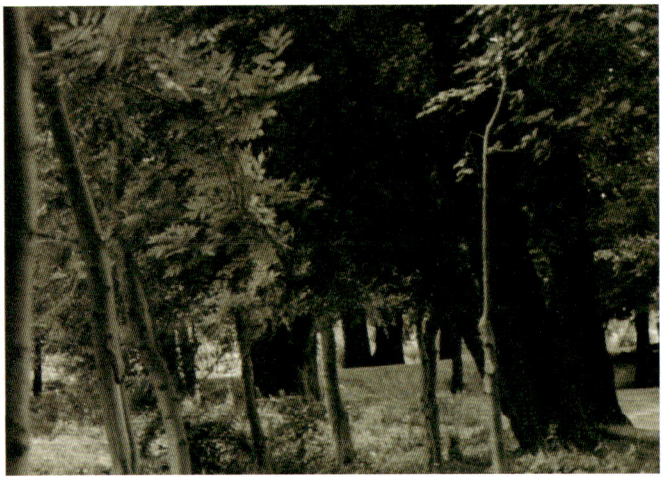

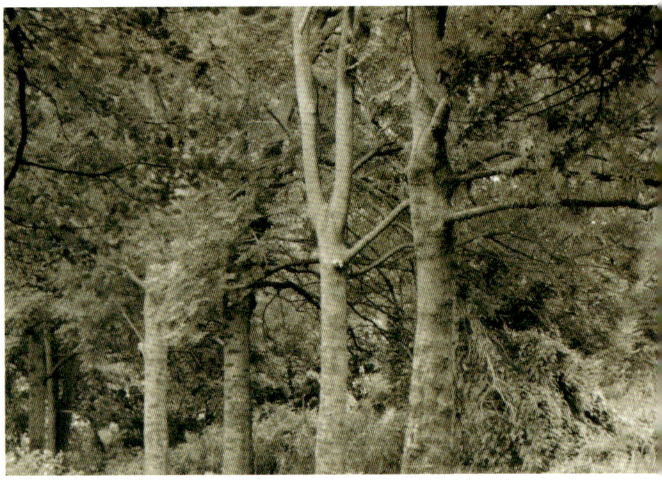

41

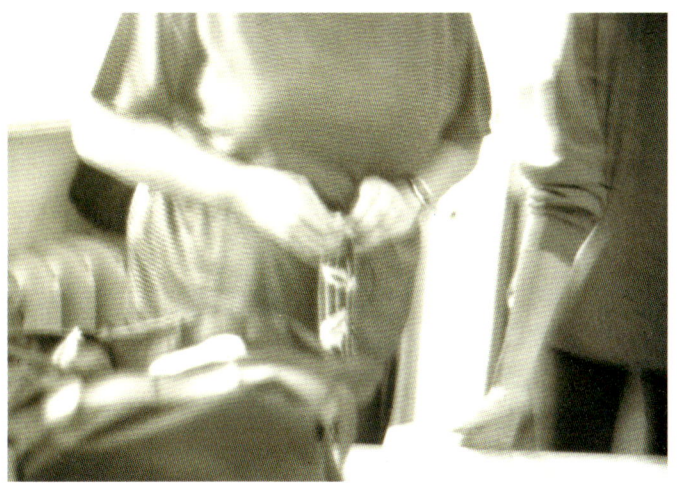

Ivonne Jokl

1964
geboren in Sokolov, Tschechoslowakei/nata a Sokolov, Cecoslovacchia

1988
Versandaktion DER RICHTIGE SCHLÜSSEL/Azione di spedizione LA CHIAVE GIUSTA

1990
Atelierstipendium des Künstlerhauses Bethanien, Berlin/Borsa di studio della Künstlerhaus Bethanien, Berlino

1991
Arbeitsstipendium der Senatsverwaltung für Kulturelle Angelegenheiten, Berlin/Borsa di studio dell'amministrazione senatoriale per gli affari culturali, Berlino

lebt in Berlin/vive a Berlino

Einzelausstellung/Mostra Personale

1991
DIE RICHTIGE TÜR, Künstlerhaus Bethanien, Berlin

Gruppenausstellungen/Mostre Collettive

1990
Ceterum Censeo, Künstlerhaus Bethanien, Berlin
So oder so, Künstlerhaus Bethanien, Berlin
1, 2, 3, Wewerka & Weiss Galerie, Berlin

1991/1992
Forum junger Kunst, Kunsthalle zu Kiel, Städtische Galerie Wolfsburg, Museum Bochum Kunstsammlung Berlin Art Scene, Sezon Museum of Art, Tokyo (Wanderausstellung Japan/Mostra itinerante Giappone)

Ohne Titel/Senza Titolo, 1992
Installation: Tisch, Stuhl, Buch/Installazione: tavolo, sedia, libro
(Modell/Modello)

Ohne Titel/Senza Titolo, 1992
Detail der Installation/Dettaglio dell'installazione
(Führen Sie Buch über das Glück, das Ihnen noch zusteht/Tenete la contabilità della fortuna, che ancora vi spetta)

Ivonne Jokl baut mit ihrer hier zu sehenden Arbeit „o. T." (1991/92) eine Anordnung auf, die einer scheinbar realen Situation entspricht, die sich aber als theatralische Szenerie aufdeckt, wenn der Betrachter sich in die dargebotene Situation involvieren läßt. Folgt er dem „Angebot", auf dem Stuhl Platz zu nehmen, sitzt er vor einem Tisch, vor dem er, gleichsam wie in einer Umkehrung von Gullivers Perspektive, auf Zwergengröße schrumpft. In dem vor ihm liegenden Buch liest er die außergewöhnliche Aufforderung, „Führen Sie Buch über das Glück, das Ihnen noch zusteht". Die Szenerie ist Teil eines „Theaters", das unsere alltägliche Realität ist und das durch minimale Verschiebungen zugleich zum Welttheater der absurden Lebenserfahrung wird.

In einer frühen Werkserie von Arbeiten (1989/90) wird durch minimale Eingriffe an Gegenständen ein theatralischer Zauber entfaltet. Z. B. eine neue Mülltonne, deren Deckel sich nicht mehr schließen läßt über dem sperrigen schwarzen Zylinder, der die Tonne verstopft. Oder ist es so, daß aus dem Inneren der Tonne eine undefinierbare Masse die Klappe aufstößt? Ganz nüchtern betrachtet ist es eine skulpturale Kombination von einfachem Alltagsgegenstand und minimalistischem schwarzen Volumen, die ein literarisches Vexierspiel mit dem plastischen Innen-Außen freisetzt. Arbeiten wie diese sind lapidare und prägnante Statements über den nachwievor dem Alltag innewohnenden Surrealismus und seinen Schock. Sie sind auch Beobachtungen über die mögliche Verschiebbarkeit des schmalen Grates zwischen Wissen und Glauben. Wie wichtig ist die Differenz, um Realität aneignen und bewältigen zu können?

Man kann im Kern semiotische Fragestellungen entdecken, wenn Ivonne Jokl untersucht, wie Gegenstände Zeichen für uns sind und was ihre Zeichenhaftigkeit übermittelt. Es wird der lebenspragmatischen Frage nachgegangen, wie Zeichen den Umgang mit den uns umgebenden Dingen strukturieren und wie Zeichen Verhalten bei uns auslösen und steuern.

In der Rauminstallation „Die richtige Tür" (1991) betritt man einen leeren weißen Raum. An der gegenüberliegenden Wand befindet sich eine große Türe mit blindem Türbeschlag. Geht man darauf

Con il lavoro qui esposto, „Senza Titolo" (1991/92), Ivonne Jokl dispone una sistemazione che corrisponde apparentemente ad una situazione reale, ma che si rivela come scenario teatrale nel momento in cui lo spettatore si lascia coinvolgere dalla situazione che viene presentata. Se egli segue l'„offerta" di prendere posto sulla sedia, siede ad un tavolo davanti al quale rimpicciolisce alla statura di un nano, come rovesciando la prospettiva di Gulliver. Nel libro che gli è posto dinnanzi può leggere la strana esortazione, „Tenete la contabilità della fortuna che ancora vi spetta". Lo scenario fa parte di un „teatro", che è la nostra realtà quotidiana, e che diviene mediante minimi spostamenti „teatro del mondo" dell' assurdo.

In una serie precedente di lavori (1989/90) minimi interventi su oggetti generavano un incantesimo teatrale. Ad esempio, un bidone della spazzatura ancora nuovo, il cui coperchio non può chiudersi perchè un enorme cilindro nero lo occlude. O è forse che dall'interno del barile viene su una massa indefinibile, sino a sbattere contro la ribalta? Ad una considerazione sobria si tratta di una combinazione scultorea di semplici oggetti quotidiani e di volumi neri di stampo minimal, che generano mediante il rapporto plastico di interno ed esterno una sorta di rebus. Lavori come questo sono enunciati lapidari e pregnanti sulla surrealtà che dimora nel quotidiano, e sul suo potenziale di choc. Essi sono anche osservazioni sulla possibile dislocazione della esile soglia tra sapere e credere: quanto importante è la differenza tra l'uno e l'altro, per potersi appropriare della realtà e dominarla? Sono alla base questioni semiotiche quelle che Ivonne Jokl pone, esaminando il modo in cui gli oggetti divengono segni, e cosa la loro essenza segnica trasmette. La domanda che qui ritorna è pragmatica, e riguarda il modo in cui i segni strutturano il rapporto con le cose che ci circondano, come essi sono capaci di generare e dare un indirizzo al comportamento.

Nella installazione „Die Richtige Tür" (La porta giusta, 1991) si entra in una stanza bianca vuota. Sulla parete di fronte vi è una grande porta. Se si va verso di essa e si afferra la maniglia per aprirla, ci si accorge che è posta più in alto del normale, che la porta è sovradimensionata. Contemporaneamen-

zu und will nach der Klinke greifen, um die Türe zu öffnen, bemerkt man, daß die Klinke höher als gewöhnlich angebracht ist, daß die Türe überdimensional groß ist. Zugleich ertönt plötzlich aus dem Off die inquisitorisch gesprochene Frage „Und was tun Sie, wenn es kein Verhalten gibt?". Die Tür ist kein Ein- und kein Ausgang.

Die Objekte gelangen zu einer Darstellung, in der sie in realer Präsenz als entwendete oder wiederaufgenommene Alltagsgegenstände existieren, sie aber gleichzeitig einem Eingriff unterliegen, der ihre Zeichenhaftigkeit fast vollständig verändert. Ihr Bedeutungsursprung löst sich auf und das Zeichen erscheint nicht mehr als eine starre Verbindung, sondern „shiftet".

In einem fiktiven Tagebuch, publiziert 1991, schreibt die Künstlerin, daß sie einen „seltsamen Vorfall" aufklären will und es deshalb ihre Absicht ist, ihre „täglichen Handlungen und Erlebnisse genau niederzuschreiben und etwaige Auffälligkeiten in (der) Umgebung zu fotografieren". Die „Auffälligkeiten", die sie findet, sind die Arbeiten jener frühen, oben beschriebenen Werkserie. Was ist heute das Unheimliche? Ist es unsere Verunsicherung durch das Shiften der Zeichen, ist es unsere eigene überbordende Phantasie oder ist es die umordnende Kombination verschiedener Darstellungsebenen?

In den neueren Arbeiten befindet sich der Betrachter in einer Szenerie, die ihn durch die ver-rückten Anordnungen und widersinnigen Zuordnungen an eine habituell-situative Schwelle versetzt, an der er nicht zwischen Aktion und Nicht-Aktion entscheiden kann. Die Szenerie fungiert wie ein semiotischer Blocker, der Handeln anbietet und zugleich Nicht-Handeln erzwingt. Dem Handeln sind die Bedingungen zur Entscheidung durch die Zeichen entzogen. Die scheinbare Gesprächigkeit der Szenerie zeigt sich als Schweigsamkeit der Kunst. Der fiktive Dialog, in den der Betrachter involviert wird, entpuppt sich jäh als Monolog des Betrachters. Die Kunst will (hier) nicht sprechen.

Anne Marie Freybourg
Berlin, Dezember 1991

te si ode una voce off che recita, in tono inquisitorio, la domanda „E cosa fate, se non sapete come comportarvi?". Questa porta non conduce da nessuna parte. Gli oggetti vengono presentati in modo tale che essi esistono sì in presenza reale come oggetti di uso quotidiano, soggiacendo però al tempo stesso ad un intervento che trasforma quasi totalmente la loro essenza segnica. Il significato d'origine si dissolve, e il segno non appare più come un designatore rigido, ma piuttosto oscilla.

In un diario fittizio pubblicato nel 1991 l'artista scrive di voler chiarire uno „strano avvenimento", e che è quindi sua intenzione „fotografare qualsiasi cosa di sorprendente avvenga nei dintorni, e trascrivere con precisione le esperienze ed azioni della sua giornata." Le cose „sorprendenti" oggetto di ritrovamento sono le opere della serie appena descritta. Cosa è il perturbante (das Unheimliche) oggi? E' la nostra incertezza nell'oscillazione dei segni, o la nostra fantasia che va al di là dei suoi margini, o forse una combinazione in un ordine nuovo di diversi livelli di presentazione?

Nelle opere più recenti lo spettatore si trova calato in uno scenario che lo porta, per mezzo di disposizioni impazzite e di subordinazioni contraddittorie, fino ad una soglia in cui egli non può più decidere tra azione ed inazione. Lo scenario funziona come una sorta di tampone semiotico, che propone un'azione e al tempo stesso la impedisce. I segni sottraggono all'agire la possibilità della decisione. L'apparente discorsività dello scenario si mostra come silenzio dell'arte. Il dialogo fittizio in cui viene coinvolto lo spettatore si rivela come un monologo dello spettatore. L'arte (qui) non vuole prendere la parola.

Anne Marie Freybourg
Berlino, Dicembre 1991

DIE RICHTIGE TÜR/LA PORTA GUISTA, 1991
Detail der Installation/Dettaglio dell' installazione

DIE RICHTIGE TÜR/LA PORTA GIUSTA, 1991
Installation/Installazione

DIE RICHTIGE TÜR
In einem Raum befindet sich gegenüber der Eingangstür eine weitere Tür, die um 20 % vergrößert ist. Indem der Betrachter sich ihr nähert, durchschreitet er eine Lichtschranke. Dadurch wird ein Tonband eingeschaltet mit der Frage: „Und was tun Sie, wenn es kein Verhalten gibt?" Die Tür läßt sich nicht öffnen.

LA PORTA GIUSTA
In una stanza davanti alla porta d'ingresso c'è un'altra porta più grande di un quinto, lo spettatore, avvicinandosi, attraversa una fotocellula. Cosi fa partire un nastro magnetico con una voce che dice: „E cosa fate, quando non sapete come comportarvi?"
La porta non si apre.

Raffael Rheinsberg

1943
geboren in Kiel/nato a Kiel

1958-61
Lehre als Former und Gießer in Kiel-Friedrichsort/Studio da modellatore e fonditore a Kiel-Friedrichsort

1973-79
Studium an der Fachhochschule für Gestaltung in Kiel bei Prof. Zimmermann/Studio alla Fachhochschule für Gestaltung a Kiel presso il Prof. Zimmermann

1979
Stipendium des Landes Schleswig-Holstein für Berlin, Künstlerhaus Bethanien/Borsa di studio della regione Schleswig-Holstein per Berlino, Künstlerhaus Bethanien

1982
Arbeitsstipendium des Senators für Kulturelle Angelegenheiten, Berlin/Borsa di studio del senatore per gli affari culturali, Berlino

1983
DAAD-Stipendium für PS 1 New York/Borsa di studio del DAAD per PS 1 Nuova York

1984
Deutscher Kritikerpreis/Premio dei critici tedeschi

1988
Kulturpreis der Stadt Kiel/Premio culturale della città di Kiel

lebt und arbeitet in Berlin/vive e lavora a Berlino

Einzelausstellungen, Auswahl/Mostre Personali, Scelta

1981
Kofferinhalte, Galerie Friedrichstraße, Berlin
Von unten nach oben, Museum Sophienblatt, Kiel

1982
Botschaften — Archäologie eines Krieges,
Berlin Museum

1983
Eine Arbeit für Eberhard Freitag, Ferry Station, New York

1985
Tenter le diable sans peindre au mur, Maison de la Culture, Reims

1986
Wewerka Galerie, Berlin

1987
Konzeptionelle Arbeiten aus New York 1983, Überseemuseum, Bremen

1988
Über den musealen Raum hinaus, Städtisches Museum, Kiel

1989
Abreise, Galerie nemo, Eckernförde
Zerstörte Bilder (mit/con Lilli Engel), Langemarckhalle, Berlin

1990
Städtische Galerie am Markt, Schwäbisch Hall
Sønderjyllands Kunstmuseum, Tønder, Dänemark

1991
Installationen, Galerie vier, Berlin

Gruppenausstellungen, Auswahl/Mostre Collettive, Scelta

1982
Kunst wird Material, Nationalgalerie, Berlin

1983
Art hats, Harlekin Galerie, Wiesbaden

1984
die 3. und 4. Dimension, La Raffinerie du Plan K, Brüssel

1985
Deutsche Kunst ab 45, Nationalgalerie, Berlin
Ein Raum — Vier Installationen — Ein Raum, Leifsgade, Kopenhagen

1990
Biennale, Venedig

Archäologie des Alltags

Raffael Rheinsberg befaßt sich seit vielen Jahren mit den Spuren einer vergangenen Gegenwart — also der Geschichte, in der der Mensch nach wie vor seinen Ort sucht. In Berlin, wo der Künstler seit über zwanzig Jahren lebt, ist die jüngere Geschichte — besonders nach der Öffnung der Grenzen — präsent und überall zu besichtigen. Es gibt zahllose Brachflächen, große Baulücken und Abrißgelände, die an die Zerstörungen des zweiten Weltkrieges erinnern. In diesen Zonen sind die Spuren der Vergangenheit noch nicht beseitigt, hier lagern unbeachtete Reste, die von menschlicher Existenz und Arbeit berichten und bis in die Gegenwart die Präsenz der Geschichte bezeugen. Bei seinen Spaziergängen und Recherchen stößt Raffael Rheinsberg auf solche Relikte und ordnet die Fundgegenstände zu komplexen Installationen und Assemblagen. Die politische Veränderung der Berliner Stadtlandschaft hat Rheinsbergs „Archäologie des Alltags" neue, bisher kaum überschaubare Arbeitsgebiete eröffnet, denn mit der Neugestaltung geht ein rasanter, manchmal geradezu rabiater gesellschaftlicher Umbruch einher, der aus den gestern noch nützlichen und brauchbaren Gegenständen über Nacht wertlosen Plunder macht. Die von Raffael Rheinsberg erarbeitete Methode der Spurensicherung läßt sich auch auf die neuen Bedingungen anwenden, erweist sich dabei als wirksame und aussagestarke Erkenntnisform angesichts einer bis heute immer noch schwer zu begreifenden Geschichtswerdung der Gegenwart. Rheinsbergs punktuelle und systematische Erfassung gesellschaftlicher Zusammenhänge, die Ortung und Fixierung menschlicher Daseinsformen zu Kunstwerken — das heißt zu überschaubaren und diskutierbaren Abbildern der Realität — erschafft erst die Möglichkeit zu einer umfassenden Auseinandersetzung mit der Wirklichkeit, die nicht nur von ökonomischen oder verwaltungspolitischen Interessen geleitet sein kann. Im Zentrum seines Schaffens steht der Mensch, seine Fähigkeit selbst unter ungünstigen Bedingungen kreativ zu sein, seine Widerstandskraft auch unter den Zeichen von Unterdrückung und Katastrophe. Insofern richtet sich sein Werk

Archeologia del quotidiano

Raffael Rheinsberg lavora da molti anni con le tracce di un presente già passato, con la storia come luogo in cui l'uomo cerca da sempre la propria dimora. A Berlino, città dove l'artista vive da più di vent'anni, la storia più recente è visibile dovunque, in particolare da quando sono stati aperti i confini. Le distruzioni della seconda guerra mondiale appaiono nei tanti *terrain vagues*, nelle lacune che si aprono tra un palazzo e l'altro, nei campi di detriti. In queste zone le tracce del passato non sono ancora state messe da parte, qui si accumulano resti inosservati che raccontano l'esistenza e il lavoro dell'uomo e testimoniano sin nel presente la consistenza della storia. Durante le sue ricerche e passeggiate Raffael Rheinsberg s'imbatte in tali relitti, che poi ricompone in complessi assemblaggi ed installazioni. Il cambiamento politico del paesaggio urbano berlinese ha aperto all'„archeologia del quotidiano" praticata da Rheinsberg nuovi e sinora inimmaginabili ambiti di lavoro, poiché con la riconversione si impone un mutamento sociale impetuoso, talora persino rabbioso, per il quale oggetti ancora ieri utili e fruibili divengono dal giorno alla notte ciarpame senza valore. Il metodo di fissazione delle tracce storiche elaborato da Rheinsberg nel corso degli anni è applicabile anche alle nuove condizioni, e si dimostra una forma di conoscenza efficace e forte davanti ad una storicizzazione del presente sino ad oggi difficile da concepire. La registrazione puntuale e sistematica dei rapporti sociali compiuta da Rheinsberg, la localizzazione e fissazione di forme dell'esistenza umana in un' opera d'arte, quindi in immagine definita e discutibile del reale, crea la possibilità di un comprensivo confronto con l'effettività: un confronto che non può essere guidato esclusivamente da interessi economici o di politica amministrativa. Al centro del suo fare è l'uomo, la sua capacità di essere creativo anche in condizioni sfavorevoli, la sua forza di resistenza anche nell'oppressione e nella catastrofe. In tal senso, ovviamente, la sua opera non è diretta solamente contro l'oblio delle cose, ma sempre anche contro l'oblio, e la conseguente scomparsa, dell'umano in quanto tale. Raffael Rheinsberg possiede come pochi altri artisti

natürlich nicht alleine gegen ein Vergessen der Dinge, sondern immer auch gegen das Vergessen und das damit verbundene Verschwinden des Menschlichen. Wie kaum ein anderer Künstler der Gegenwart besitzt Raffael Rheinsberg die Fähigkeit das schwer Faßbare der gegenwärtigen Veränderung in seinen Kunstwerken konkret und anschaulich darzustellen. Gerade in den Werken, die nach der Maueröffnung entstanden — etwa der Installation ausrangierter Hydrantenabdeckungen, die keiner Norm unterlagen und deshalb mit dürftigen Mitteln zusammengeschustert wurden — zeigt sich die Virulenz seiner künstlerischen Idee, die in der Lage ist, den Crash zwischen zwei völlig unterschiedlichen Gesellschaftssystemen beispielhaft und wie in einer Momentaufnahme festzuhalten. Dies ist um so bemerkenswerter, weil in vielen anderen Bereichen der Kunst derzeit eine insgesamte Anpassung an die Gegebenheiten des Marktes und damit eine Verflachung bis hin zur Dekoration und rein formalistischen Inhaltslosigkeit gegenüber der gesellschaftlichen Wirklichkeit zu registrieren ist. Typisch für Rheinsbergs Vorgehensweise — ob bei der Installation der Hydranten „H1-H45" oder älteren Arbeiten — ist dabei der von ihm eingebrachte Ordnungsbegriff: Die jeweils durch die Armut entstandene Unterschiedlichkeit der Fundstücke — also ihre insgesamte Chaotik — wird durch die Präsentation im System des Feldes erst wirklich erfahrbar und aussagekräftig. In dieser Ordnung veranschaulicht sich die Beweglichkeit und Dynamik, die dem Leben zugrunde liegt — so zum Beispiel die Improvisationsgabe und Kreativität der Arbeiter beim Herstellen von Hydrantenabdeckungen aus primitivstem Material. Es ist Rheinsbergs künstlerische Leistung, die solche Zusammenhänge wahrnimmt, aufdeckt und ihnen durch die skulpturale Inszenierung zu einem ästhetischen Ausdruck verhilft. Indem er Verworfenes wieder versammelt, rettet Raffael Rheinsberg Gegenstände des Daseins, die verschwinden würden und verloren wären — verloren auch für ein Nachdenken über das, was die Würde des Menschen ausmacht, besonders in Zeiten in denen diese viel zu oft mit Füßen getreten wird.

Peter Funken

del presente la facoltà di rappresentare in modo concreto e intuitivo ciò che è difficile da cogliere nei mutamenti della contemporaneità. Proprio nelle opere sorte dopo l'apertura del muro, come l'installazione di coperture da idranti, che non dovevano corrispondere ad alcuna norma e che perciò erano state rabberciate con materiali di fortuna, si rivela la forza della sua idea artistica, che è in grado di fissare in modo esemplare, come in un'istantanea, lo scontro tra due sistemi sociali interamente diversi. Ciò è tanto più degno di nota, quanto più si dà a vedere nell'arte odierna un complessivo adattamento alla datità del mercato, e quindi un appiattimento sin quasi decorativo e puramente formalistico rispetto alla realtà sociale. Tipico del procedimento di Rheinsberg, sia nel caso della installazione di idranti "H1-H45" che in lavori più vecchi, è l'ordine da lui posto in atto: la varietà caotica degli oggetti ritrovati, dovuta alla loro povertà, acquista forza enunciativa e presenza solo grazie alla sistematicità della disposizione al suolo. Tale ordine pone a giorno la mobilità e dinamica che sono alla base della vita, ad esempio la creatività e capacità di improvvisazione del lavoratore che produce delle coperture d'idranti nel materiale più semplice possibile. L'opera artistica di Rheinsberg consiste nel percepire e scoprire tali nessi, all'inizio secondari, portandoli a espressione estetica mediante una messa in scena tridimensionale. Raccogliendo ciò che è stato gettato via, Raffael Rheinsberg salva oggetti dell'esistenza, che svanirebbero e andrebbero perduti anche per una riflessione su ciò che costituisce la dignità dell'uomo, cosa necessaria particolarmente in tempi come questi, nei quali essa viene sin troppo spesso calpestata.

Peter Funken

H1-H45, 1990
Hydrantenabdeckungen aus Blech, Beton und Holz/Coperture d'idranti di latta, cemento e legno
Fundort: Ost-Berlin/Luogo del rinvenimento: Berlino Est

Joseph, 1991
Filzstiefel russischer Soldaten und zerstörte Neonreklame/Stivali di feltro di soldati russi e reclame al neon distrutta
Fundort: Ost-Berlin/Luogo di rinvenimento: Berlino Est

leergeräumt und leergefegt/svuotato e ripulito, 1991
Reste einer Neonreklame/Resti di una reclame al neon
Fundort: Ost-Berlin/Luogo di rinvenimento: Berlino Est

Andrea Sunder-Plassmann

1959
geboren in Münster/nata a Münster

1978
Studium an der Hochschule der Künste Berlin/Studio alla Hochschule der Künste, Berlino

1988
Meisterschülerin bei/presso Dieter Appelt
Stipendium zur Förderung des künstlerischen Nachwuchses der Bundesländer/Borsa di studio delle regioni federali per promuovere la nuova generazione artistica
Arbeitsstipendium des Senators für Kulturelle Angelegenheiten, Berlin/Borsa di studio del senatore per gli affari culturali, Berlino

1990
DAAD-Stipendium für die USA/Borsa di studio del DAAD per gli Stati Uniti

lebt und arbeitet in Berlin/vive e lavora a Berlino

Einzelausstellung/Mostra Personale

1988
Liget Galerie, Budapest

Gruppenausstellungen, Auswahl/Mostre Collettive, Scelta

1985
Die wiedergefundene Zeit, Hochschule der Künste Berlin
Electric Eye, Galerie Het Og, Niederlande
Formine I, Italien

1987
Zeit-Relationen, Galerie NEUE RÄUME, Berlin
SOMNIUM LUCIS I, Galerie Kreutzmann, Berlin
Ohne Titel, A. Bomba Colori, Detmold
Selbst, Neue Galerie, Hochschule der Künste Berlin

1988
Keller, Monumentenstr. 24, Berlin
Photographs within the Wall, Sydney, Australien
IICKunstBO 1, Bahnhof Westend, Berlin
Sjaelv, Kulturhuset Stockholm
Formine II, Italien

1989
Photographie-Kunst-Photographie, Berlinische Galerie, Berlin
Galerie NEUE RÄUME, Berlin
Formine III, Italien
Furmany-Studios, Moskau
IICKunstBO 2, Moskau
Selbstportrait, Galerie Pels-Leusden, Berlin

1990
Henning, Berlin
Filmfestival Leeds, Großbritannien
City-Focus, Glasgow
Galerie am Körnerpark, Berlin
IICKunstBO 3, Kulturhuset Stockholm

1991
Interferenzen, Westberlin 1960-90, Riga, Lettland; St. Petersburg, Rußland
Formine IV, Italien

Groundcontrol, 1991
Detail/Dettaglio
Multimedialer Raum im Künstlerhaus Bethanien, Berlin/Spazio multimediale alla Künstlerhaus Bethanien, Berlino

Groundcontrol, 1991
Multimedialer Raum im Künstlerhaus Bethanien, Berlin/Spazio multimediale alla Künstlerhaus Bethanien, Berlino

A.O.T. (art of touching), 1990
Multimedialer Raum mit Fotografie, Kulturhuset Stockholm/Spazio multimediale con fotografia, Kulturhuset Stoccolma 1990

Die Lebensmöglich... ...
uftschichten konnten bei den letzt
... erest-Expeditionen erforscht werden. Es
... stellt, daß ein Mensch wenigstens eini
...hen von über 7000 Metern leben kar
...ägt der Sauerstoffgehalt der Luft nur
... 8700 Meter Höhe nur noch 7,5 %
...ormalgehalt von etwa 20 %. Gewisse
...ie Kaninchen, Ratten und Mäuse, lie
...orsichtiger Gewöhnung etwa eine Wo
...ur 7,5 % Sauerstoff am Leben erhalte
...en, die den Versuch nicht überlebten, so
...ttige Entartung des Herzens und der L
...Mensch imstande ist, bis zur Höhe von
...emporzusteigen, bedarf noch des Beweise
...ische Arzt Dr. Campbell meint, daß, w
...nigstens für einige Stunden täglich ê
... normaler Dichte einatmet, man in Höhe
...Meter die schädlichen Wirkungen der
...bünnung bis zu einem Grade se
... Freilich bedeutet das Mitnehmen der hierz
...schweren Apparate eine kaum erträgli

aus/da: Kosmos, 26, 1929, Heft/fascicolo 1, S./p. 35

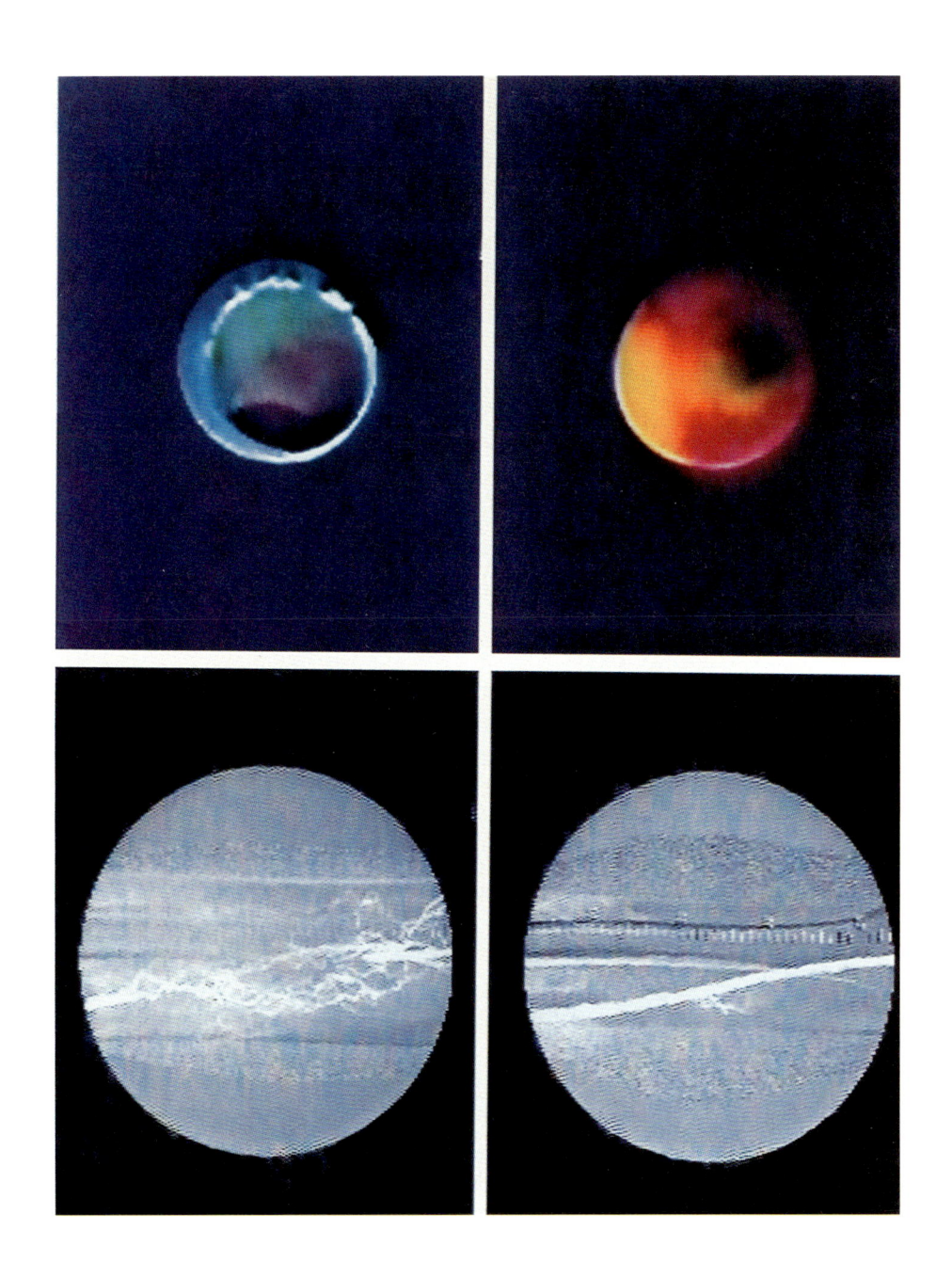

Angioskopie einer Arterie/Angioscopia di un'arteria

Marco Bagnoli

nato nel 1949/geboren 1949

vive e lavora a Firenze/lebt und arbeitet in Florenz

Mostre Personali, Scelta/Einzelausstellungen, Auswahl

1975
Dormiveglia, Galleria Tucci Russo, Torino; Galleria Lucrezia De Domizio, Pescara

1978
Big Bang o L'Origine del teatro, Galleria l'Attico, Roma
Marina di Massa, Galleria Lucio Amelio, Napoli

1980
Iperborei, Accademia di Belle Arti Pietro Vannucci, Perugia
Golem, Dolmen, Dödel, Villa Medicea del Cento Camini, Artimino, Firenze

1983
La macchina stanca tre ..., Galleria Mario Pieroni, Roma

1984
Metrica e Mantrica, Opera di S. Croce, Cappella dei Pazzi, Firenze
Albe of Zonsopgangen, Stichting de Appel Foundation, Amsterdam

1985
Vers Admirables Au-delà de l'Atmosphère, Centre d'Art Contemporain, Genève

1987
Octobre des Arts, Musée Saint Pierre Art Contemporain, Lyon

1991
Centre National d'Art Contemporain de Grenoble, Grenoble

Mostre Collettive, Scelta/Gruppenausstellungen, Auswahl

1977
X Biennale di Paris, Paris

1981
Identité Italienne, l'art en Italie depuis 1959, Centre National d'Art et de Culture Georges Pompidou, Paris

1982
IX Biennale di Venezia
documenta 7, Kassel

1986
X Biennale di Venezia

1988
Europa oggi, Museo d'Arte Contemporanea Luigi Pecci, Prato

1992
documenta 9, Kassel

Nella complessa rete di riferimenti che caratterizza l'opera di Marco Bagnoli potremmo isolare, l'idea per la quale nessun rapporto spaziale è determinabile di per sé, senza fare appello alla variabile temporale. Ciò che l'opera d'arte fa apparire, è in questo senso ciò che è pensato dalla fisica e filosofia del '900, da Heisenberg a Heidegger, quando esse invocano il superamento di un modello conoscitivo in cui sarebbe possibile porre tra parentesi la determinazione temporale ed esistenziale dell'atto percettivo.

Ancor più in là, lo spazio e il tempo dell'opera vanno pensati al di là del riferimento precipuo ad un soggetto ed un oggetto, intesi al modo di cose: è ciò che Bagnoli dice allusivamente quando accenna al problema del nesso tra vista, che può coincidere con il cono prospettico centrato nell'occhio del soggetto, e visione, la sfera totale e mai esauribile della visibilità, in cui è calato colui che vede: „Il cono della vista contro la sfera della visione ... la vista proviene rispetto all'altra mentre sono relativamente ferme ... Il cono della vista contiene la sfera della visione ... è un campo sul passaggio ..." Se il rapporto tra vista e visione non può apparire che nel campo, nel taglio della singola immagine direzionata, il luogo temporale di questa manifestazione sarà un taglio della durata generato nello spazio.

Pensiamo alle 64 figure in legno di *Metrica e Mantrica*, nel loro prendere origine da 16 linee tracciate sul piano: l'osservatore, percorrendo il loro luogo, percepisce la scansione del movimento nella successione ritmica degli istanti in cui il piano genera il volume, per poi annullarlo di nuovo in sé. L'osservatore, notava Bagnoli, coglie così nell'oggetto intorno al quale si muove „l'immagine del suo movimento"; se ricordiamo la definizione platonica dell'istante come immagine mobile dell'eternità comprendiamo dove la correlazione analogica di spazio e tempo, nel fulcro dell'istante, trovi la fonte originaria di una attualizzazione possibile in cui la sperimentazione di Bagnoli attraversa, da Malevic a Barnett Newman, la ricerca novecentesca della quarta dimensione nell'arte.

La plasticità tridimensionale della figura, qui come altrove, non deve nulla ad una genesi in cui la materia precederebbe il sorgere della forma; in questo Bagnoli, rammemorando motivi di una tradizione „immaginale" di ispirazione neoplatonica ma che si prolunga ben addentro al moderno, pone a giorno nelle sue opere l'enigma di un'immagine che nasce dal ritmo di una danza, figura di una *Voce* che in virtù di „analogia proportionalitatis" si rapprende a scandire uno spazio.

Giorgio Maragliano

In dem komplexen Beziehungsnetz, das das Werk von Bagnoli charakterisiert, ist keine räumliche Beziehung ohne Berücksichtigung der zeitlichen Variable bestimmbar. Was das Kunstwerk erscheinen läßt, ist in diesem Sinne das, was in der Physik und Philosophie des 20. Jahrhunderts, von Heisenberg bis Heidegger gedacht worden ist, wenn sie sich auf die Überwindung eines Erkenntnismodells beriefen, in dem es möglich wäre, die zeitliche und existentiale Bestimmung des Wahrnehmungsaktes in Parenthese zu setzen.

Diese wesentliche Erkenntnis wird durch die These ergänzt, daß Raum und Zeit, über die Hauptbeziehung zwischen Betrachter und Gegenstand (Subjekt und Objekt), hinausgedacht werden. Das ist es, worauf Bagnoli anspielt, wenn er das Problem von der Verknüpfung zwischen Blick und Vision anspricht, wobei der Blick mit dem im Auge des Betrachters (des Subjektes) zentrierten Sehkegel übereinstimmen kann und die Vision die totale und niemals auszuschöpfende Sphäre jener Sicht meint, in die der Betrachter versunken ist. „Der Sehkegel gegen die Sphäre der Vision ... der Blick ist der Erde verhaftet, während die Vision aus dem Kosmos stammt ... Sie bewegen sich aufeinander zu, während sie relativ unbeweglich sind ... Der Sehkegel enthält die Sphäre der Vision ... er ist eine Station auf der Durchreise ..." Wenn das Verhältnis zwischen Blick und Vision nur in dieser Station, sozusagen im augenblicklichen Schnitt des einzelnen Bildes erscheinen kann, so wird der zeitliche Ort dieses Vorganges ein im Raum gezeugter Schnitt dieser Dauer sein.

Denken wir an die 64 Holzfiguren von *Metrica e Mantrica*, wie sie von 16 auf der Fläche gezeichneten Linien ihren Ausgang nehmen. Der Betrachter nimmt, während er ihren Ort durchläuft, den Rhythmus der Bewegung in der rhythmischen Abfolge der Momente wahr, in denen die Fläche Volumen erzeugt, um es dann wieder in sich aufzuheben. Der Betrachter begreift so im Objekt, um das herum er sich bewegt, „das Bild seiner Bewegung", wie Bagnoli feststellte. (...)

Die dreidimensionale Plastizität der Figur hat bei Bagnoli wie auch anderswo ihren Ursprung nicht in der Materie, die dem Entstehen der Form vorangegangen wäre. Damit bringt Bagnoli, indem er Motive aus einer „bildlichen" — sich aber weit bis in die Moderne hineinziehenden — Tradition neoplatonischen Einflusses wieder aufgreift, in seinen Werken das Rätsel einer räumlichen Präsenz ans Licht, die von dem rhythmischen Modell eines Tanzes ausgeht. Dieses Rätsel geht von einer Stimme aus, die sich kraft einer „analogia proportionalitatis" dazu anschickt, den Raum zu skandieren.

Giorgio Maragliano

La Voce/Die Stimme, 1979
Installazione al Musée St. Pierre, Lyon 1987/Installation im Musée St. Pierre, Lyon 1987

Metrica e Mantrica/Metrisch und mantrisch, 1984
Legno/Holz
64 pezzi di 160 x 25 x 25 cm ciascuno/64 Teile, jedes 160 x 25 x 25 cm
Cappella Pazzi, Firenze/Cappella Pazzi, Florenz

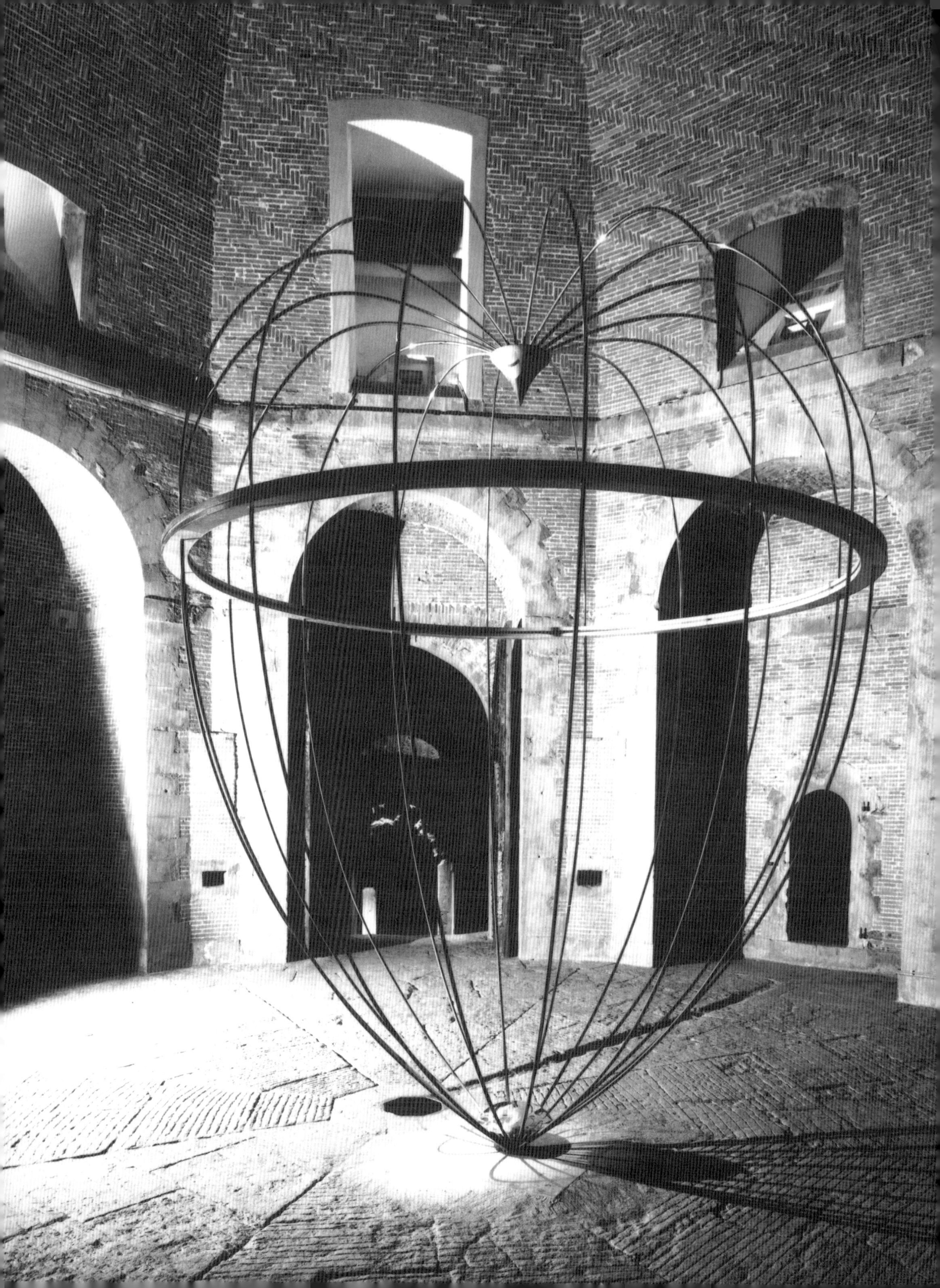

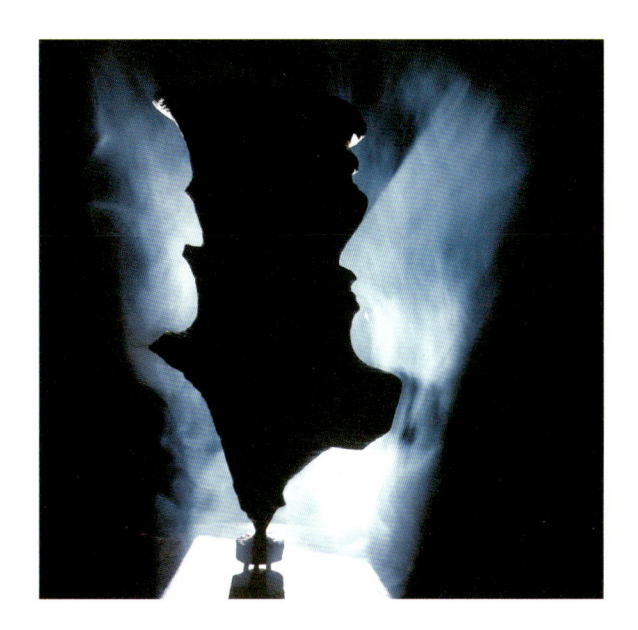

Vortice dei volti/Wirbel der Gesichter, 1988
Scultura in legno, lampada, vetro e suono/Skulptur aus Holz, Lampe, Glas und Klang
Courtesy Bruges-la Morte, Bruges

L'anello mancante alla catena che non c'è/Das fehlende Glied in der Kette, die es nicht gibt, 1989
Rame e ferro/Kupfer und Eisen
460 x 350 cm
Fortezza da Basso, Firenze/Fortezza da Basso, Florenz
Courtesy Giorgio Percano, Torino

Antonio Catelani

1962
nato a Firenze/geboren in Florenz

vive e lavora a Antella/lebt und arbeitet in Antella

Mostre Personali, Scelta/Einzelausstellungen, Auswahl

1988
Galleria Carini, Firenze
Galleria Matteo Remolino, Torino

1989
Pendant, Studio Guenzani, Milano

1991
Studio G7, Bologna

Mostre Collettive, Scelta/Gruppenausstellungen, Auswahl

1985
Galleria Schema, Firenze

1986
Il Cangiante, Padiglione d'Arte Contemporanea, Milano

1987
Salgemma, Galleria Carini, Firenze

1988
Geometrie Dionisiache, Rotonda della Besana, Milano
Aperto 88, XLIII Biennale di Venezia
Palestra, Castello di Rivara

1989
Die Erste Ausstellung, Kölnischer Kunstverein, Köln
Prospect 89, Schirn Kunsthalle Frankfurt

1990
Passions, Galerie Montenay, Paris

1991
Una Scena Emergente: Artisti Italiani Contemporanei, Museo d'Arte Contemporanea Luigi Pecci, Prato
Kunst Europa, Kasseler Kunstverein, Kassel
La Scena, Museum Moderner Kunst, Stiftung Ludwig, Wien

A: Nelle opere di Catelani ritorna il tema del piano.
B: È vero. Ma in esse, il piano non vuole mai coincidere con la superficie. Nei lavori in marmo il disegno sottile, applicato a matita su uno o più lati, mostra la medesima pretesa generativa degli aggetti tridimensionali.
A: Potrebbe parere una modalità illusionistica.
B: Credo che il termine „illusione" indichi una nozione-limite della nostra esperienza percettiva, là dove il margine tra realtà e irrealtà si piega su se stesso a mostrare ciò che è al di là di questa distinzione. Pensa al barocco; non è forse, per esso, la potenza del possibile superiore a qualsiasi effetto di reale? Lo spazio reale diviene così — e le opere di Catelani sono testimoni di questa intenzione — il prodotto di un agire che nella possibilità di articolare all'infinitesimo pieno e vuoto, superficie e profondità esubera qualsiasi ingenua pretesa di far ritorno ad un'origine.
A: Ma allora, cosa rimarrebbe di quella ricerca di una relazione elementare tra lo spettatore e l'opera che l'arte degli anni sessanta e settanta ha fatto valere? Molto di quella ricerca mi pare assunto e trasformato da Catelani.
B: Non a caso allora si riscopriva il costruttivismo, e con esso la nozione di uno spazio in cui massa e volume erano soltanto funzioni reciproche, e non virtualità di uno spazio a priori.
A: Ma le forme primarie, così come sono impiegate da Catelani, più che come lettere di un alfabeto appaiono come unità già dotate di senso, un senso tratto in primo luogo dal registro architettonico.
B: Vero. Più che segni, le opere di Catelani modulano tropi, figure retoriche. Uno di essi è lo slargo della finestra ad oculo, di cui parlai: varco verso una profondità priva di misura, infita, e al tempo stesso operatore di una discontinuità tra dentro e fuori, immanenza e trascendenza, che doveva convincere della possibilità di una presenza altra — dove in Catelani esso ritorna sul piano, ma come a suggerire che quel piano è soltanto interruzione di una successione infinita di altri, serie iperbolica.
Il volume ritorna disegno, e viceversa. E' un movimento in cui veniamo persuasi che le condizioni di visibilità dell'opera sono, prima di tutto, momenti di un procedimento argomentativo.

Giorgio Maragliano

A: In den Werken Catelanis kehrt das Thema der Fläche immer wieder.
B: Das ist wahr. Aber in ihnen will die Fläche nie mit der Oberfläche übereinstimmen. In den Marmorarbeiten hat die subtile, mit Bleistift auf einer oder mehreren Seiten aufgetragene Zeichnung den ursprünglichen Anspruch eines dreidimensionalen Objektes.
A: Du beschreibst es so, als handele es sich um eine illusionistische Beschaffenheit.
B: Ich glaube, der Begriff „Illusion" weist schon auf einen Grenzwert unserer Wahrnehmungserfahrung hin, dort, wo die Grenze zwischen Wirklichkeit und Unwirklichkeit in sich selbst zusammenfällt, um das zu zeigen, was sich jenseits dieser Unterscheidung befindet. Denken wir an den Barock. Ist für ihn die Macht des Möglichen nicht größer als jede Wirkung des Realen? Der wirkliche Raum wird so, und die Werke Catelanis sind Zeugen dieser Absicht, zum Produkt eines Handelns, das in der Möglichkeit, bis ins Kleinste Körper und Hohlkörper, Oberfläche und Tiefe zu artikulieren, jeglichen arglosen Anspruch, zu einem bereits vorhandenen Ursprung zurückkehren zu wollen, übersteigt.
A: Aber was bliebe dann von jener Suche nach einem elementaren Verhältnis zwischen dem Betrachter und dem Kunstwerk, das die Kunst der 60er und 70er Jahre geltend gemacht hat?
B: Es war kein Zufall, daß man damals den Konstruktivismus neu entdeckt hat und mit ihm den Begriff eines Raumes, in dem Masse und Volumen nur wechselseitige Funktionen und nicht Möglichkeiten eines a priori existenten Raumes waren.
A: Aber so wie sie von Catelani eingesetzt werden, erscheinen die Primärformen nicht so sehr wie Buchstaben eines Alphabets, als vielmehr wie bereits mit Sinn versehene Einheiten, einem Sinn, der vor allen Dingen der Architektur entlehnt ist.
B: Das stimmt. Die Werke Catelanis modulieren nicht so sehr Zeichen, als vielmehr Metaphern, rhethorische Figuren. Eine solche ist die Verbreitung des Rundfensters, von dem du sprachst. Durchgang durch eine unendliche Tiefe ohne Maß, ist diese Verbreitung des Fensters zugleich Urheber einer Diskontinuität zwischen Innen und Außen, Immanenz und Transzendenz, die von der Möglichkeit einer anderen Erscheinungsform dort überzeugen soll, wo Catelani zur Fläche zurückkehrt. Das Volumen kehrt zurück zur Zeichnung und umgekehrt. Das ist eine Bewegung zwischen Idee und Ausführung, durch die wir überzeugt werden, daß die Bedingungen der Sicht des Werkes vor allem Momente eines argumentativen Verfahrens sind.

Giorgio Maragliano

Architettonico e pittoresco/architektonisch und malerisch, 1990
Parete, vetro dipinto/Wände, bemaltes Glas
350 x 390 x 20 cm

Senza Titolo/Ohne Titel, 1991
Installazione allo Studio G7, Bologna/Installation im Studio G7, Bologna

Senza Titolo/Ohne Titel, 1991
Gesso, ceramica/Gips, Keramik
Courtesy Studio Guenzani, Milano

Compresenze/Zusammenspiel, 1991
vetro dipinto, ceramica/bemaltes Glas, Keramik

Daniela De Lorenzo

1959
nata a Firenze/geboren in Florenz

vive a Firenze/lebt in Florenz

Mostre Personali/Einzelausstellungen

1988
Galleria Matteo Remolino, Torino
Galleria Carini, Firenze

1989
Galleria Paolo Vitolo, Roma

1990
Galleria Matteo Remolino, Torino

Mostre Collettive, Scelta/Gruppenausstellungen, Auswahl

1985
Galleria Schema, Firenze
Desideretur, Palazzo della Ragione, Bergamo

1986
Studio Malossini, Bologna
Scultura, Salone Brunelleschi, Firenze

1987
Equinozio d'Autunno, Castello di Rivara
Salgemma, Galleria Carini, Firenze
Nuova Arte Italiana, Galleria Marconi, Milano
Spunti di Giovane Arte Italiana, Galleria Buades, Madrid

1988
Studio Scalise, Napoli
Geometrie Dionisiache, Rotonda della Besana, Milano
Aperto 88, XLIII Biennale di Venezia
Da Zero all'Infinito, Castello di Volpaia
Nuove Acquisizioni, Galleria Comunale d'Arte Moderna, Bologna

1989
Materialmente, Galleria Comunale d'Arte Moderna, Bologna
Certains, Centre Saint Éxupery, Fécamp
Acquisizioni di Giovane Arte Italiana, Padiglione d'Arte Contemporanea, Milano

1990
Generazioni a Confronto, Castel S. Pietro Terme

1991
Una Scena Emergente: Artisti Italiani Contemporanei, Museo d'Arte Contemporanea Luigi Pecci, Prato
Kunst Europa, Kasseler Kunstverein, Kassel
Trigon 91, Neue Galerie, Graz

Installazione al Museo Pecci di Prato/Installation im Museo Pecci, Prato 1991

Esiste, poichè è posto, uno spazio assoluto in cui è la mera distanza stereometrica tra le cose a farci percepire le loro relazioni. Nel momento in cui la scultura del '900 si è emancipata dal piedistallo, tentando di cancellare così la separazione tra spazio virtuale e spazio fisico, essa sembra indicare questa assolutezza come suo proprio luogo operativo. Dall'altra, però, portando a giorno ciò che prima era solo in quanto veicolo di qualcos'altro, e cioè la corporeità elementare della percezione, essa riconduce l'esperienza dello spazio alla regione confusa del sensibile, lì dove il sé avverte se stesso come altro. Questa duplicità è alla base dei paradossi dello spazio, nel momento in cui ci muoviamo in esso liberi da motivazioni strumentali. E' ciò che avvertiamo quando sentiamo, ad esempio, la prossimità di un vivente: nulla di misurabile, quanto la discontinuità analogica di una serie percettiva in cui esterno ed interno non sono chiaramente distinti ma sembrano inguainati l'uno nell'altro, secondo un ordine in via di formazione eppur mai perturbante.

Le opere di Daniela De Lorenzo ci fanno percorrere questa ambigua regione della percezione sensibile. La misura diviene qui, pur se calcolata con esattezza matematica, funzione paradossale di una specie di *fading* dell'astrazione geometrica, *fading* di cui l'illusionismo è il lato violento, perchè ancora in fondo legato a pretese di assolutezza. Questa violenza dell'uso ingannatorio della geometria — e qui il carattere legale, „legittimo", della costruzione prospettica è esemplare — veniva così trasformata, nelle opere in ferro di alcuni anni fa, in un segnale del carattere relazionale dell'opera: lo specifico tridimensionale della scultura diventava, in quelle composizioni di linee, questione di rapporti, senza per questo dissolversi in ricerca di un punto privilegiato della visione, di per sé assente.

La particolare natura analogica di questo spazio-guaina è visibile appieno nell'ulteriore definizione che De Lorenzo ha imposto al suo lavoro. Il tema della linea che, svolgendosi, disegna lo spazio in un alternanza di pieni e vuoti, chiasmatica perchè sempre rovesciabile, viene raccolto e portato all'estremo. Il potere di articolazione della linea viene qui condotto al di là della letteralità geometrica, che pure rimane condizione di leggibilità dell'opera, per assumere uno statuto quasi metaforico: l'intreccio dei fili che compongono un ricamo al centro delle recenti tele allude obliquamente ad una onnipotenza della linea, „come se" essa fosse centro potenziale dello spazio.

Giorgio Maragliano

Es gibt einen vorgestellten absoluten Raum, in dem uns der reine stereometrische Abstand zwischen den Dingen ihre Beziehungen wahrnehmen läßt. Seit die Skulptur des 20. Jahrhunderts sich vom Sockel emanzipiert und so die Trennung zwischen möglichem und physischem Raum aufzuheben versucht hat, scheint sie diese Absolutheit als ihren eigenen Wirkungsbereich aufzuzeigen. Auf der anderen Seite aber führt sie — indem sie, was zuvor nur als Träger von etwas anderem existierte, nämlich die elementare Körperlichkeit der Wahrnehmung, ans Licht bringt — die Erfahrung des Raumes ins Reich des Wahrnehmbaren zurück, dorthin, wo das Selbst sich als anderes empfindet. Diese Duplizität ist die Grundlage der Paradoxa des Raumes, wo wir uns frei von praktischen Erwägungen in ihm bewegen. Dies ist es, was wir wahrnehmen, wenn wir zum Beispiel die Nähe eines Lebewesens spüren. Nichts Meßbares, vielmehr die analoge Diskontinuität einer Serie von Wahrnehmungen, in der Äußeres und Inneres nicht klar unterschieden sind, sondern nach einer sich erst bildenden, wenn auch nie störenden Ordnung eins vom anderen umschlossen scheinen. Die Werke von Daniela De Lorenzo lassen uns diesen doppeldeutigen Bereich der sinnlichen Wahrnehmung durchlaufen. Das Maß wird hier zur paradoxen Funktion einer Art *fading* der geometrischen Abstraktion, eines *fading*, dessen Illusionismus gewaltsam ist. Diese Gewalt der täuschenden Anwendung der Geometrie — und hier ist der gesetzmäßige, „legitime" Charakter der perspektivischen Konstruktion beispielhaft — wurde so in den vor einigen Jahren entstandenen Arbeiten aus Eisen zum Zeichen des relationalen Wesens des Werkes: Die spezifische Dreidimensionalität der Skulptur wurde in diesen linearen Kompositionen zu einer Frage der Beziehungen, ohne sich dadurch auf der Suche nach einer bevorzugten nicht existenten Hauptansicht, aufzulösen.

Die besondere analoge Beschaffenheit dieser Raumumschlossenheit wird in der weiteren Definition deutlich sichtbar. Das Thema der Linie, die den Raum in einem chiastischen, da immer umkehrbaren Wechsel von Körpern und Hohlkörpern zeichnet, wird aufgenommen und bis zum Äußersten geführt. Das Ausdrucksvermögen der Linie geht hier weit über die Geometrie als solche hinaus, obwohl sie Bedingung für die Lesbarkeit des Werkes bleibt. Damit erhält dieses Ausdrucksvermögen einen beinahe metaphorischen Status: Die Verknüpfung der Fäden, die im Zentrum der jüngsten Gemälde eine Stickerei bilden, spielt indirekt auf eine Allmacht der Linie an, „als ob" diese der potentielle Mittelpunkt des Raumes wäre.

Giorgio Maragliano

Senza Titolo/Ohne Titel, 1990
Legno patinato/patiniertes Holz
400 x 150 x 10 cm

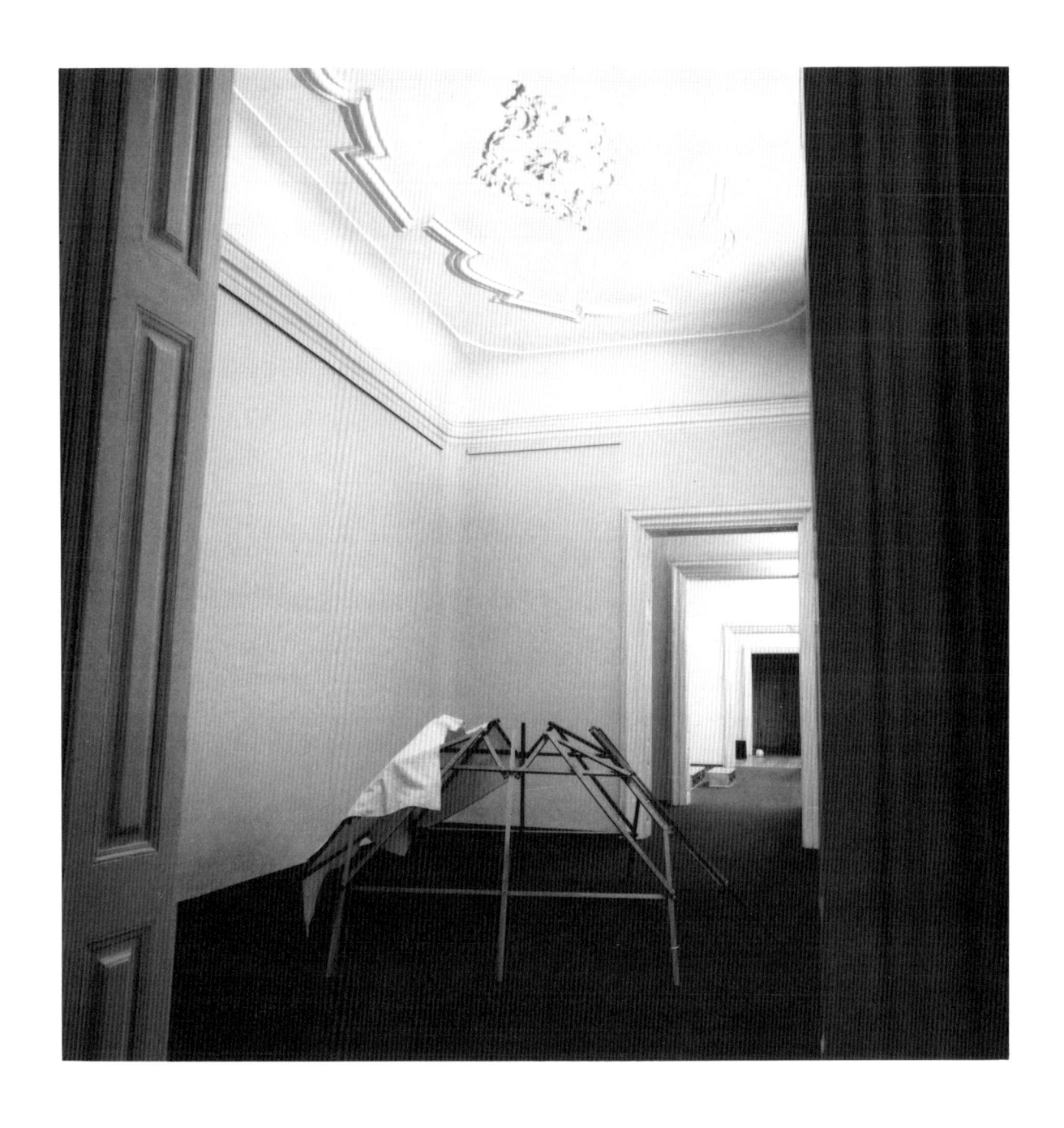

Paragone/Gegenüberstellung, 1991
Legno, stoffa, ricamo/Holz, Stoff, Stickerei
200 x 200 x 140 cm

Eventi/Ereignisse, 1991
Ogni Elemento/Jedes Teil 90 x 80 x 50 cm

Carlo Guaita

1954
nato a Palermo/geboren in Palermo

vive e lavora a Firenze/lebt und arbeitet in Florenz

Mostre Personali/Einzelausstellungen

1987
Studio Marconi 17, Milano

1988
Galleria Paludetto, Torino
Galleria Carini, Firenze

1989
Galleria Carrieri, Roma
Galleria Museo, Bolzano
Galleria Paludetto, Torino

1991
Galleria Transepoca, Milano

Mostre Collettive/Gruppenausstellungen

1985
Galleria Schema/Firenze
Galleria Facsimile, Milano

1986
Studio Malossini, Bologna
Galleria Cavellini, Milano
Scultura, Salone Brunelleschi, Firenze
Ultime, Castello di Volpaia
Il Cangiante, Padiglione d'Arte Contemporanea, Milano

1987
Alta Tensione, Palazzo delle Mostre, Alba
Equinozio d'Autunno, Castello di Rivara
Studio G7, Bologna
Spunti di Giovane Arte Italiana, Galleria Buades, Madrid

1988
Galleria Carrieri, Roma
Studio Scalise, Napoli
Under 35, Arte Fiera, Bologna
Corpo a corpo, Palazzo delle Mostre, Alba
Geometrie Dionisiache, Rotonda della Besana, Milano
Aperto 88, XLIII Biennale di Venezia
Da Zero all' Infinito, Castello di Volpaia
Palestra, Castello di Rivara
Spazi 88, Museo d'Arte Contemporanea, Prato

1989
Materialmente, Arte Fiera, Bologna
Galleria Paludetto, Torino
Nuove Emergenze, Galleria d'Arte Moderna, Valdagno

1990
Tac 90, Palacio de la Scala, Valencia
Un printemps italien, 35e salon de Montrouge
Nuove Acquisizioni, Padiglione d'Arte Contemporanea, Milano
Galleria Margiacchi, Arezzo

1991
Kunst Europa, Kasseler Kunstverein, Kassel
La Collezione, Centro per l'Arte Contemporanea, Rocca di Umbertide
MT. 242 s.l.m., Palazzo Surbone, Montescudaio, Pisa

Il lavoro di Carlo Guaita prende avvio dal punto in cui forme cognitive della descrizione naturale e autonomia estetica dell'opera d'arte figurativa divengono vettori inconciliabili. L'uso che egli ha fatto e continua a fare del motivo della griglia mostra nel modo migliore tale determinazione. Proprio la griglia è infatti l'emblema ultimo del percorso antirappresentativo e autoreferenziale dell'arte del '900, nel suo volgere le spalle a qualsiasi dato mimetico-naturalistico: accostate o sovrapposte le une alle altre, integrate da piccole tele monocrome, le griglie nel passato lavoro di Guaita costituivano, nel loro dirsi al plurale, il nucleo di un rapporto con una tradizione artistica contraddittoria ma nondimeno avvertita come imprescindibile istanza d'ordine.

Al tempo stesso però il carattere d'icona, di finestra verso il trascendente che la griglia manifesta in una certa linea di questa tradizione, da Mondrian a Reinhardt, ci dice come il suo carattere intransitivo fosse solo apparente. Le composizioni di istantanee fotografiche di fenomeni naturali e griglie pongono in questo senso a giorno lo strano collimare di effetto, il reciproco refforzamento che, pur nella differenza dei media, le rispettive immagini producono. Il sublime dinamico dell'eruzione di un vulcano si accorda con l'apparentemente immobile solennità della griglia, immagine della libertà autofinalizzata di un ordine posto dall'uomo, e privo di modelli naturali. La violazione della specificità modernista dei media serve in queste opere di Guaita a porre in evidenza come il divieto imposto dal canone nascondesse questa verità elementare e spesso dimenticata, e cioè che non si esce dal perimetro della rappresentazione, dello „stare per".

In questo senso anche l'elemento testuale, tratto da titoli di libri di storia naturale settecentesca, che Guaita inserisce a timbro sulla parete o sui supporti in metallo/legno di suoi lavori non fa che aggiungere un ulteriore articolazione nella più ampia determinazione rappresentativa dell'opera. L'impossibilità che l'opera d'arte in quanto tale sia direttamente momento conoscitivo di qualcosa che è esterno ad essa viene qui affermata e negata al tempo stesso, in opere che tendono ad esporsi, in una sorta di lavoro del lutto, come immagini di questa stessa impossibilità.

Giorgio Maragliano

Die Arbeit von Carlo Guaita geht von dem Punkt aus, an dem Erkenntnisformen der natürlichen Beschreibung und die ästhetische Autonomie des Kunstwerkes zu unvereinbaren Vektoren werden. Die Art und Weise, wie er das Motiv des Gitters verwendet hat und noch verwendet, zeigt dies aufs Eindrucksvollste. Gerade das Gitter ist nämlich das wichtigste Sinnbild für den antirepräsentativen und auf sich selbst bezogenen Weg der Kunst des 20. Jahrhunderts, auf dem sie jeglichen mimetisch-naturalistischen Gegebenheiten den Rücken kehrt. Aneinander- oder übereinandergestellt, ergänzt durch kleine monochrome Gemälde, bilden die sich im Plural ausdrückenden Gitter in der bisherigen Arbeit Guaitas den Kern eines Verhältnisses zu einer dem widersprechenden künstlerischen Tradition, die aber dennoch als unumgängliche Ordnungsinstanz empfunden wird.

Zugleich aber sagt uns der ikonenhafte Charakter als Fenster zum Transzendenten, der das Gitter in einer bestimmten Linie dieser Tradition — von Mondrian bis Reinhardt — zeigt, daß sein intransitiver Charakter nur scheinbar ist. Guaitas Kompositionen aus photographischen Momentaufnahmen natürlicher Phänomene und Gittern bringen in diesem Sinne eine merkwürdig wirkungsvolle Übereinstimmung und wechselseitige Steigerung ans Licht, die die jeweiligen Bilder — wenn auch mit unterschiedlichen Medien — schaffen. Die erhabene Dynamik der Eruption eines Vulkans stimmt mit der anscheinend unbeweglichen Feierlichkeit des Gitters überein, dem Bild der selbstbezweckten Freiheit einer vom Menschen bestimmten Ordnung, bar aller natürlichen Vorbilder. Die Verletzung der modernistischen Spezifizierung der Medien dient in diesen Werken Guaitas dazu, deutlich zu machen, wie das vom Regelkanon auferlegte Verbot diese elementare und oft vergessene Wahrheit verbirgt — nämlich, daß man den Bereich der Darstellung, des „Stehens für" nicht verlassen kann.

In diesem Sinne fügt auch das Textelement, das aus Titeln von Naturkundebüchern aus dem 18. Jahrhundert stammt, und das Guaita als Stempel auf die Wand oder auf die Metall-/Holzträger seiner Werke aufsetzt, der umfassenderen darstellenden Begrenzung des Werkes nur eine weitere Ausdrucksform hinzu. Die Unmöglichkeit, daß das Kunstwerk als solches direktes Erkenntnismoment von etwas sei, was sich außerhalb seiner befindet, wird hier in Werken zugleich bestätigt und verleugnet, die dahin tendieren, sich in einer Art Trauerarbeit als Bilder eben dieser Unmöglichkeit zu zeigen.

Giorgio Maragliano

Senza Titolo/Ohne Titel, 1990
Legno, vetro, carta/Holz, Glas, Papier
120 x 300 x 30 cm
Installazione al Kasseler Kunstverein, Kassel/Installation im Kasseler Kunstverein, Kassel

Discours admirables, 1991
Ottone e scritta/Messing und Schrift
Installazione alla Galleria Transepoca, Milano/Installation in der Galleria Transepoca, Mailand

Orizzonte/Horizont, 1991
Tubi alluminio, cavo elettrico, lampada/Aluminiumröhren, Elektrokabel, Lampe
Misure variabili/verschiedene Maße
Installazione al Kasseler Kunstverein, Kassel/Installation im Kasseler Kunstverein, Kassel

Senza Titolo/Ohne Titel, 1991
Legno, vetro, scritte/Holz, Glas, Schrift
170 x 280 x 5 cm
Installazione alla Galleria Transepoca, Milano/Installation in der Galleria Transepoca, Mailand

Maurizio Nannucci

1939
nato a Firenze/in Florenz geboren

dal 1984/seit 1984
vive e lavora a Firenze e Monaco di Baviera/lebt und arbeitet in Florenz und München

Mostre Personali, Scelta/Einzelausstellungen, Auswahl

1984
Frankfurter Kunstverein, Frankfurt

1987
Italian Cultural Institute & Art Metropole, Toronto
The Charles Scott Gallery, Vancouver
Alberta College of Art, Galgery

1988
Westfälischer Kunstverein, Münster

1989
Victoria Miro Gallery, London

Graeme Murray Gallery, Edinburgh
Galerie Achim Kubinski, Stuttgart

1990
Galerie Martina Detterer, Frankfurt
Galeria Bruno Musatti, Sao Paulo
Insam Gleicher Gallery, Chicago

1991
Galleria Victoria Miro, Firenze
Städtische Galerie im Lenbachhaus, München
Massimo Minini, Brescia

1992
Galleria d'Arte Moderna, Villa delle Rose, Bologna
Björn Ressle, Stockholm
gallery 360°, Tokyo

Mostre Collettive, Scelta/Gruppenausstellungen, Auswahl

1984
Foné, Centre National d'Art e de Culture Georges Pompidou, Paris

1985
Process und Konstruktion 1985 in München, Künstlerwerkstätten, Lothringer Straße, München
Biennale des Friedens, Kunstverein Hamburg

1986
Aspekte der italienischen Kunst 1960/1985, Frankfurt; Hannover; Berlin; Wien
Prospect 86, Frankfurter Kunstverein, Frankfurt

1987
documenta 8, Kassel
Arte in Italia, Galleria d'Arte Moderna, Bologna

1989
In other words..., Museum am Ostwall, Dortmund
Broken music, DAAD Galerie, Berlin

1990
Neonstücke, Sprengel Museum Hannover
Biennale di Venezia

1991
Nightlines, Centraal Museum, Utrecht

1991
Galerie Anselm Dreher, Berlin

1992
Gappmayr, Nannucci, Weiner, Galleria d'Arte Moderna, Bolzano

L'opera di Maurizio Nannucci, dagli anni sessanta ad oggi, è continua applicazione su dei confini. Confini tra suono e immagine, tra linguaggio e immagine, tra analogico e binario, tra totalità indefinita e discontinuità dell'articolazione discreta, tra presenza attuale dello sguardo e potenza virtuale della denominazione. Lavorare sul confine significa, in questo senso, dover tradurre da un registro all'altro, ma anche rendere ragione e restituire attraverso i sensi ciò che rimane intraducibile. Tale ci sembra l'inconfondibile individualità dell'applicazione sul linguaggio che Nannucci ha compiuto, bordeggiando e attraversando negli anni i territori di Poesia Concreta, Fluxus, Conceptual Art. Se le premesse del suo lavoro sono in una determinazione analitica e combinatoria del fare artistico caratteristica degli anni sessanta, fin dall'inizio egli non si è appagato di un procedimento che vede negli elementi del linguaggio un dato puramente arbitrario. Pensiamo ad esempio alle opere in cui, da *Colours* a *This side is red, this side is blue*, la scrittura al neon enuncia un'evidenza già dichiarata nell'immagine: qui come in molte opere degli anni successivi la parola funziona come indice, segno vuoto che si riempie di significato nella giustapposizione fisica al referente. L'ostinazione con cui Nannucci impiega questo procedimento è quasi adamitica, ricordandoci „ex negativo" come nel Giardino dell'Eden ogni parola pronunciata facesse scaturire la presenza di ciò che veniva nominato. Questa determinazione di puro atto, al di là di connessioni sintattiche, propria delle frasi impiegate da Nannucci, è un uso estremo e quasi improprio del linguaggio, mentre è caratteristico dell'immagine: ciò che appare è sempre la presenza singolare e perfettamente compiuta di quella cosa lì – è quel viso, quel fiore, non il concetto generale, il fiore. Dall'altra invece, il linguaggio è sempre condanna alla temporalità e al differimento della presenza, alla ricchezza sempre in avere di un'economia. Se non è possibile godere immediatamente dell'instantanea e infinitamente ripetuta beatitudine della presenza senza ascendere all'ineffabile sapienza dei mistici (Wittgenstein: „l'impronunciabile esiste. Esso si *mostra*, è il mistico") o sprofondare nell'estasiprelinguistica dei cretini, nondimeno essa si può attingere qui paradossalmente, nella mediazione del linguaggio. Tutto questo non contraddice in alcun modo l'ostinazione adamitica e prebabelica di cui si parlava. Potrebbe forse esistere un linguaggio più felice di quello per cui non esistono universali, ma solo un'infinita serie di singolari? Un linguaggio in cui ogni sensazione, ogni sfumatura, avrebbe una propria parola, che scompare nel momento in cui è proferita? Un linguaggio, con un titolo di Nannucci, sempre, nell'istante, „provvisorio e definitivo"?

Giorgio Maragliano

Das Werk Maurizio Nannuccis ist seit den 60er Jahren eine ständige Arbeit in Grenzbereichen. In Grenzbereichen von Klang und Bild, von Sprache und Bild, von Analogem und Binärem, von unbestimmter Totalität und Diskontinuität von maßvoller Artikulation, von der Begrenzung jetziger Präsenz und der Möglichkeit der Benennung. Das Arbeiten in einem Grenzbereich bedeutet in diesem Sinne, von einem Register ins andere überzuwechseln. Es bedeutet aber auch, dem, was unausdrückbar bleibt, zu seinem Recht zu verhelfen und es auf sinnliche Weise wiederzugeben.
Als solcher Grenzbereich erscheint uns Nannuccis unverwechselbare künstlerische Besonderheit bei der Anwendung der Sprache, wobei er über die Jahre die Bereiche der Konkreten Poesie, der Concept Art und des Fluxus gestreift und durchquert hat. Sind auch die Voraussetzungen für seine Arbeit in einer analytischen und kombinatorischen Determinierung des künstlerischen Schaffens charakteristisch für die 60er Jahre, so hat er sich doch von Anfang an nicht mit einem Verfahren zufrieden gegeben, welches in den Sprachelementen eine rein willkürliche Gegebenheit sieht. Denken wir zum Beispiel an die Werke, in denen die Neonschrift etwas schon durch das Bild Offensichtliches verkündet. In vielen Werken funktioniert das Wort als Hinweis, als leeres Zeichen, das sich in der physischen Gegenüberstellung zu seinem Bezug mit Bedeutung füllt. Die Beharrlichkeit, mit der Nannucci dieses Verfahren anwendet, ist beinahe adamitisch und erinnert uns „ex negativo" daran, daß im Garten Eden jedes ausgesprochene Wort das, was benannt wurde, in Erscheinung treten ließ. Diese Bestimmung aus einem einfachen künstlerischen Akt heraus, jenseits von syntaktischen Verbindungen, bezeugt eine extreme Verwendung von Sprache, erfaßt aber das Wesen des Bildes. Was erscheint, ist immer die einzelne und absolut vollkommene Präsenz eines bestimmten Dings – es ist dieses Gesicht, diese Blume und nicht der allgemeine Begriff der Blume. Die Sprache ist immer Verurteilung zur Vergänglichkeit und gleichzeitig zum Aufschub der Präsenz; und in der Sparsamkeit liegt ihr Reichtum. (...)
Dies alles widerspricht der oben genannten, adamitischen und vorbabylonischen Beharrlichkeit in keiner Weise. Könnte es vielleicht eine glücklichere Sprache geben als die, für die keine Allgemeinbegriffe sondern nur eine unendliche Reihe von Singularen existiert? Eine Sprache, in der jede Wahrnehmung, jede Nuance ein eigenes Wort besäße, das in dem Moment verschwünde, in dem es ausgesprochen würde? Eine Sprache, die – mit einem Titel von Nannucci – immer und für den Augenblick „provisorisch und endgültig" wäre?

Giorgio Maragliano

The missing poem is the poem, 1969/70
Neon, 350 × 240 × 5 cm
Courtesy Galerie Anselm Dreher, Berlin

Installationen/Installazioni Städtische Galerie im Lenbachhaus München, 1991
Neon
Courtesy Galerie Walter Storms, München

New Art Fly, 1990
Neon, 250 × 250 × 5 cm
Gourtesy Galerie Martina Detterer, Frankfurt

Giallo puro, Rosso puro, Blu puro, 1991
Neon, 350 × 240 × 5 cm
Courtesy Galleria Massimo Minini, Brescia

Alfredo Pirri

1957
nato a Cosenza/geboren in Cosenza

vive e lavora a Roma/lebt und arbeitet in Rom

Videografia/Videofilme

1985 Il fragore del Silenzio; Il Dialogo delle Due Rose

1986 Senza Titolo

1988 Gli effeminati intelletuali

Installazioni/Installationen

1986
Rumore, Villa Comunale, Taormina

1987
La Notte, Palazzo dei Diamanti, Ferrara
La Notte, l'Alba, Villa Comunale, Taormina

1988
L'alba, il giorno, Associazione combattenti e reduci, Piazza del Carmine, Taormina
Gli Effeminati Intellettuali, Scuola Superiore di Guerra Aerea, Firenze

Mostre Personali/Einzelausstellungen

1986
Alchimia Luoghi e Memorie del XX Secolo, Firenze
Studio Planita, Roma

1987
Studio Marconi 17, Milano
Studio Trisorio, Napoli
Wessel O'Connor LTD., New York

1988
Progetto Firenze per l'Arte Contemporanea, Studio Casoli, Firenze
Squadre Plastiche, Galleria Museo, Bolzano
La più Bella Galleria d'Italia, Fortezza da Basso, Firenze
Cure, Galleria Alice, Roma
Squadre Plastiche, Galleria Planita, Roma

1989
Infanzia della pittura, Galleria Carini, Firenze

1990
Colora, Galleria Benet Costa, Barcelona
GAS, Galleria Tucci Russo, Torino
Disciplina pone in corde tuo, Galleria Casoli, Milano
Galleria Planita, Roma

Mostre Collettive, Scelta/Gruppenausstellungen, Auswahl

1985
Teatrale Visivo, Accademia di Belle Arti di Brera, Milano

1986
Progetto Impossibile, Palazzo Braschi, Roma
XI Quadriennale d'Arte Roma, Palazzo dei congressi, Roma

1987
Arte nuova d'Italia, Studio Marconi 17, Milano
Spunti di Giovane Arte Italiana, Studio Corrado Levi, Milano; Galleria Buades, Madrid

1988
Il Cielo e Dintorni, Castello di Volpaia
Aperto 88', Biennale di Venzia

1989
Arte a Roma 1980 1989, Palazzo Rondanini, Roma
Eternal Metaphors: New Art from Italy, Mostra itinerante/Wanderausstellung USA

1990
Anni 90, Galleria Comunale d'arte moderna, Bologna

1991
Historia Historia, Galleria Oliva Arauna, Madrid
Anni 90, Galleria Comunale d'Arte Moderna, Bologna

La Realtà (dell'arte)

Qual'è allora lo specifico potere dell'arte?
Quando penso all'arte, penso alla pittura, al potere che ha avuto (e che ha') di strappare l'arte dall'universo dei sensi (nonostante si affermi per sensualità e per sensualità venga riconosciuta).
Non l'ottica dell'immagine fotografica, che privilegia la retina e attraverso di essa vuole giudicare tutto.
Non l'ascolto multimediale, che usa il cranio come la cassa di risonanza di una grancassa.
Non il toccare con mano dell'indagine sociale, che costringe l'artista a respingere in un futuro sempre più lontano il suo impegno a favore della bellezza.
Non il gusto della merda che si ritrovano sulla lingua i leccaculo del parodico.
Strappare l'arte da questi giochi, per affidarla ad uno spessore condensato in cui intrappolare per distruggere i fatti (la macchina da scrivere mi suggerisce i fati) percettivi, ecco la facoltà della pittura.
La forza dell'artista sta nella sua capacità di resistenza fino ai limiti del mugolio, di un mugolio potente che lo fa somigliante a quello di una belva (conosci mugolio più convincente e comunicativo di quello di una belva?).
Una belva non aggredisce i suoi simili (tranne in rari casi di invidia) tende a dominarli con l'esempio. L'esempio è la più grande capacità dell'opera per affermarsi come tale. Ma come può oggi un'opera definirsi o essere esemplare? Può esserlo solo se sceglie la totalità, essere totalitario dell'opera, di una totalità talmente grande da sfociare nel nulla, in un nulla tanto denso che solo l'artista può affrontare in piena libertà, questa la sua più grande licenza.

Alfredo Pirri
Novembre 1991

P.S.
Ai sopravvisuti della fine, a quelli che prima del filo hanno chiuso gli occhi e tirato avanti (con ancora uno sforzo) trovandosi rapidamente nel futuro.
Agli appassionati del principio, che hanno continuato il dialogo mentre la cancrena divorava mani, braccia, piedi, gambe e persino le pupille.
Ai creatori (di realtà) della realtà che mutamente assiste ai nostri sforzi dandoci conforto con la visione.

Die Wirklichkeit (der Kunst)

Worin besteht also die besondere Macht der Kunst?
Wenn ich an Kunst denke, denke ich an die Malerei, an die Macht, die sie gehabt hat und noch hat, die Kunst aus dem Reich der Sinne zu reißen — obwohl sie durch das Sinnliche begriffen und aufgrund des Sinnlichen unterschieden wird.
(Ich denke . . .)
... nicht an die Optik des fotografischen Bildes, die die Netzhaut bevorzugt und durch die sie alles beurteilen will;
... nicht an das multimediale Hören, das den Schädel als Resonanzkörper einer Trommel benutzt;
... nicht daran, soziale Mißstände aufzuspüren, wodurch der Künstler seinen Einsatz für das Schöne in eine immer fernere Zukunft verbannen muß;
... nicht an den Geschmack von Scheiße, den die Arschlecker der Parodie auf der Zunge haben.
Die Kunst von diesen Spielen wegzureißen, um ihr große Dichte verleihen zu können und so die wahrgenommenen Fakten (die Schreibmaschine legt mir die „fati", die Schicksale, nahe) durch Überlistung zu zerstören — das ist das Vermögen der Malerei.
Die Kraft des Künstlers liegt in seiner Widerstandsfähigkeit bis an die Grenzen des Winselns, eines machtvollen Winselns, das ihn einem Raubtier ähnlich macht (kennst du ein überzeugenderes, vielsagenderes Winseln als das eines Raubtieres?). Ein Raubtier greift seine Artgenossen außer in seltenen Fällen von Neid nicht an, es neigt dazu, sie durch sein Beispiel zu beherrschen. Das Beispielhafte ist die größte Kraft des Werkes, damit es sich als solches durchsetzen kann. Aber wie kann ein Werk sich heute als beispielhaft definieren oder dieses sein? Es kann dies nur, wenn es die Totalität wählt, das totalitäre Sein des Werkes, von einer so großen Totalität, daß sie ins Nichts mündet, in ein sehr dichtes Nichts, dem sich nur der Künstler in voller Freiheit stellen kann. Dies ist seine größte Freiheit.

Alfredo Pirri, November 1991

P.S.
An die Überlebenden des Endes, an jene, die — bevor sie ihre Tage gezählt — die Augen geschlossen, durchgehalten haben und sich — mit noch einer weiteren Anstrengung — jäh in der Zukunft wiederfinden.
An die Prinzipienreiter, die den Dialog fortgeführt haben, während der Brand Hände, Arme, Füße, Beine und sogar die Pupillen auffraß.
An die Schöpfer von Wirklichkeiten und der Wirklichkeit, die unseren Anstrengungen stumm beiwohnt und uns mit einer Vision tröstet.

Gas, 1989/90
Olio su tela/Öl auf Leinwand
20 elementi/20 Teile, je 110 x 110 cm
Courtesy Tucci Russo, Torino

Gas, 1989/90
Veduta dell'installazione/Ansicht der Installation
Strutture in metallo, con 18 elementi in legno, gesso e pigmento/Metallgerüste, je 310 x 150 x 125 cm, mit 18 Teilen aus Holz, Gips und Pigment, je 310 x 30 x 5 cm

Installazione alla Galleria Casoli, Milano/Installation in der Galleria Casoli, Mailand 1991

Installazione ad „Anni 90"/Installation bei „Anni 90", Rimini 1990/91
Legno, lavagna, gesso, olio, album da disegno/
Holz, Schiefertafel, Gips, Öl, Skizzenbuch